だいわ文庫

こどものメンタルは4タイプ

「やる気を引き出す」「自信がみなぎる」
言葉がけの教科書

飯山晄朗

大和書房

次のページの14の質問に答えてください。どのアルファベットが多いかでタイプ診断します。

1問は5秒以内を目安にして、
できる限り素早く、直感で選ぶようにしてください。
お子さん自身に答えていただくのがベストですが、
難しい場合は親御さんや
先生・コーチが対象者をイメージして、
答えてみてください。
それでも判断が難しい場合は、全タイプを読んで、
その子に当てはまりそうなタイプを選択してみてください。
タイプの相性がわかる項目もありますので、
ぜひあなた自身も診断してみてください。

※「どちらかというと」という気持ちで選択してみてください

物事に対する姿勢や思考性

☐ C 自分の判断や考えを大事にする
☐ D データや周りの評価を大事にする

☐ C 自分はどうしたいかを考える
☐ D 情報を集めて考える

☐ C 約束を忘れてしまう方だ
☐ D 約束を守る方だ

☐ C 好意的に受けとめる傾向がある
☐ D 批判的に受けとめる傾向がある

☐ C 熱意をもって取り組む
☐ D 冷静に取り組む

☐ C とりあえずやってみる
☐ D まず計画を立てる

☐ C イメージで語る
☐ D 論理的に語る

Cの数 ☐　　Dの数 ☐

A ＋ C ＝ 火のラッシャータイプ（➡P.50）
A ＋ D ＝ 風のパートナータイプ（➡P.82）
B ＋ C ＝ 水のハーモニータイプ（➡P.114）
B ＋ D ＝ 地のクレバータイプ（➡P.146）

4つのタイプを診断するチェックリスト

コミュニケーション・行動

- □ A 広くいろんな人と付き合える
- □ B 特定の人との関わりが多い

- □ A 思ったことをすぐ口にする
- □ B 思ってもすぐ口にしない

- □ A 明るく楽しい人と言われる
- □ B 落ち着いていてしっかりしている人と言われる

- □ A あっちこっちに動き回る
- □ B あまり動き回らない

- □ A 話がコロコロとよく変わる
- □ B 同じ話を繰り返すことが多い

- □ A 夢や将来を語ることが多い
- □ B 現実的なことを語ることが多い

- □ A すぐに行動に移す
- □ B よく考えてから行動に移す

Aの数 □　　Bの数 □

どのアルファベットが多いかで、
下記のタイプに分かれます。

わが子は…

「やる気がない」

「自己肯定感が低い」

「素直じゃない」

「言うことを聞いてくれない」

…どうすればいいの？

親や先生・コーチなどから、
このようなご相談をよく受けます。
結論から言えば、
その子の
個性に寄り添った言葉がけ
が必要なんです。

ある課題に取り組んでほしいときに、
「君の力ならできるよ」と言葉をかけたとします。

あるタイプの子は「やっぱりそうだよね」とやる気を出し、
あるタイプの子は「何も知らないクセに…」と反抗的になり、
あるタイプの子は「いちいち言わないで」と面倒くさがる…

このように、子どもによって様々な反応が得られます。

同じ言葉がけでも、
効果があるタイプの子と、効果が薄いタイプの子、
あるいは逆効果になってしまう
タイプの子もいるのです。

そして、タイプは主に「4つ」にわかれます。

私はこれまで9000人以上の子どもたちと向き合い、
脳科学と心理学に基づいたトレーニングによって、
多くの子のメンタルを改善してきました。
そして、部活動の全国大会で優勝、甲子園決勝進出、
オリンピックで金メダル獲得など、
様々な成果を残すことができています。
その膨大な実践の中で研究し、導いたのが本書の4タイプです。

この本では、本当に大事な言葉がけを厳選し、
すぐに実践できるカタチでご紹介しています。
甲子園球児やオリンピックメダリストなどの指導でも
実際に用いている言葉がけです。
シチュエーション別の構成なので、
様々な場面で困ったときに必要に応じてお読みいただけます。

子どもの頃は、特にタイプがはっきりと出る傾向にあります。
その理由は、大人との経験の差です。
一般的に、子どもは大人よりも人生における経験が少なく、
重要な役割を任される機会も少ないでしょう。
しかし、大人になるにつれて様々な経験をする中で、
いろいろなタイプを演じることで、タイプが混ざるのです。

経験の少ない子どもは、
タイプの違いがより強く出ます。
だからこそ、タイプ別のアプローチが
効果的であり必要不可欠なのです。

対して、
大人は、4つのタイプが
バランスよく入ってくることがベストです。
どのタイプにもなれると、
様々なタイプの人の気持ちもわかり、
コミュニケーションもうまくいきます。
ぜひあなた自身もタイプ診断してみてください。

あなたのお子さんや生徒の成長を
手助けするだけでなく、
あなた自身も成長できる内容をお伝えしています。
本書を通読していただくことで、
効果を得られるでしょう。

子どもは周りの人の影響を強く受けます。
親や指導者のアプローチによって、
良い方向にも悪い方向にも行ってしまいます。

すごい才能があったのに、
あのコーチによってつぶされた…
悪い子じゃなかったのに、親の影響でグレてしまった…

よく聞く話ではないでしょうか。

そうならないためにも
親や指導者が適切な言葉がけをしなければいけません。
そのために、本書を通してベストな言葉がけ、
ベストなアプローチ方を身につけてください。

現代の子どもたちは、
ストレスにさらされることが多く、
心の病を抱える方も増えています。
10年前の子どもたちと比べると、
根本的な個性は変わりません。
ただし、後天的な性格の部分は
変わっています。

なぜなら、この10年間の中で、
いろいろな災害や、暮らしが一変するような
出来事が数多くありました。
そういったマイナス方向の環境の変化により、
将来の不安が大きくなったり、
ネガティブな方に心を閉ざしてしまったりするからです。

ある意味、環境のせいで
子どもが思ったように動かない状況もあります。
それは、子どものせいでも、
大人のせいでもないでしょう。
ただし、環境が変わっても、本来の個性は変わっていません。
子どものタイプをしっかり理解してあげて、
タイプにあった伸ばし方を実践してあげてください。

大人の言葉がけ1つで、
子どもたちは将来に向けて、
前向きに進むことができます。

本書を通して、
サポートしてあげましょう。
そして、
あなたも一緒に成長していきましょう。

CONTENTS

第2章

パートナータイプへの言葉がけ

第3章

ハーモニータイプへの言葉がけ

第4章 クレバータイプへの言葉がけ

第5章 あなたの個性を伸ばす! 自己教育

第0章

タイプごとにアプローチを変えるとグングン成長する

それぞれの「タイプ」を知ることで、メンタルが好転していく！

私はメンタルコーチとして、メンタルトレーニング、コーチングをする立場にありますが、心や脳に関する学習をすればするほど、あることにぶち当たったのです。

それは、**「同じことを同じように伝えているのに、なぜ人によって伝わり方や、伝えた後の行動が違うのか」**ということです。

この疑問を解消すべく、研究していくと、ある事柄に出会いました。

人それぞれに反応パターンがあると…。

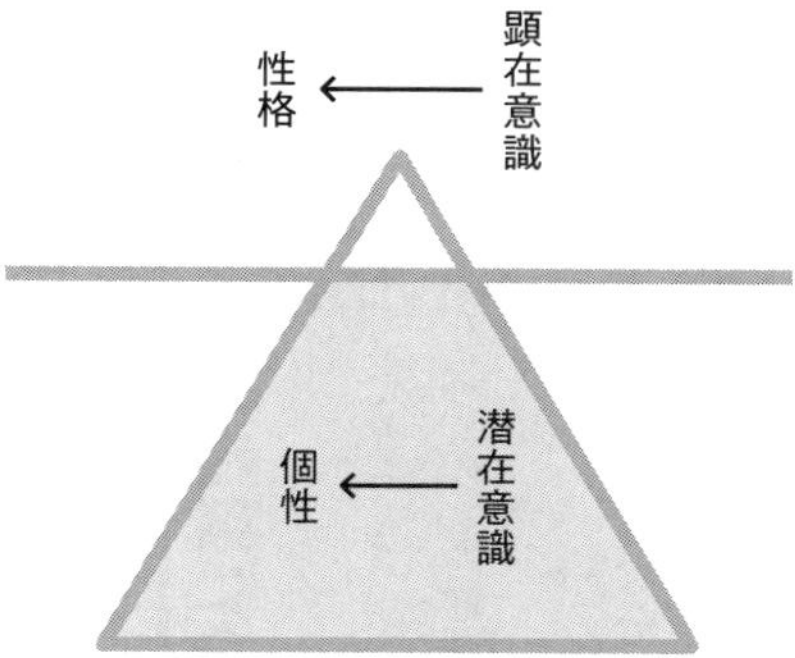

そしてそれは本来持っている**「個性」**による違いなのだと気がつきました。

個性は、性格とも似ていますが、少し違います。

その違いを説明するために「顕在意識《けんざいいしき》」と「潜在意識《せんざいいしき》」の話をしますが、私たちが普段から意識して判断していることや自覚していることは顕在意識によるものです。そして、これまでの記憶や習慣になっていること、自覚していないことは潜在意識によるものです。

これと同じで、顕在意識は「性格」であり、潜在意識は「個性」にあたります。

つまり、性格は表面上のものであり、

個性は持って生まれた本質的なものということになります。

だから、性格を見るのではなく、**個性を見抜くこと、そして個性に合った接し方が必要になるのです。**

タイプは4種類に分けられる

心理学や脳科学に基づいたメンタルコーチングをしていく中で、どの子にどのような関わり方が良いのかを研究しているうちに、子どものタイプは大きく4種類に分けられるということがわかってきました。

具体的にまず、どのような分類をしたかというと「行動が素早いかゆっくりか」、そして「感情的か理性《りせい》的か」という2つの軸です。

そして次の図のように4つのタイプに分けて仮定し、数千人もの子どもたちを指導する中で検証していった結果、確かにこの分類が間違いではないことがわかりました。

タイプ別にネーミングしていくと、

「行動が素早くて感情的な子」＝「火のラッシャータイプ」
「行動が素早くて理性的な子」＝「風のパートナータイプ」
「行動がゆっくりで感情的な子」＝「水のハーモニータイプ」
「行動がゆっくりで理性的な子」＝「地のクレバータイプ」

これは大まかな分類ですので、ご自身で診断される場合は本書の冒頭にあるチェックリストでタイプ診断を行ってください。

4タイプの傾向

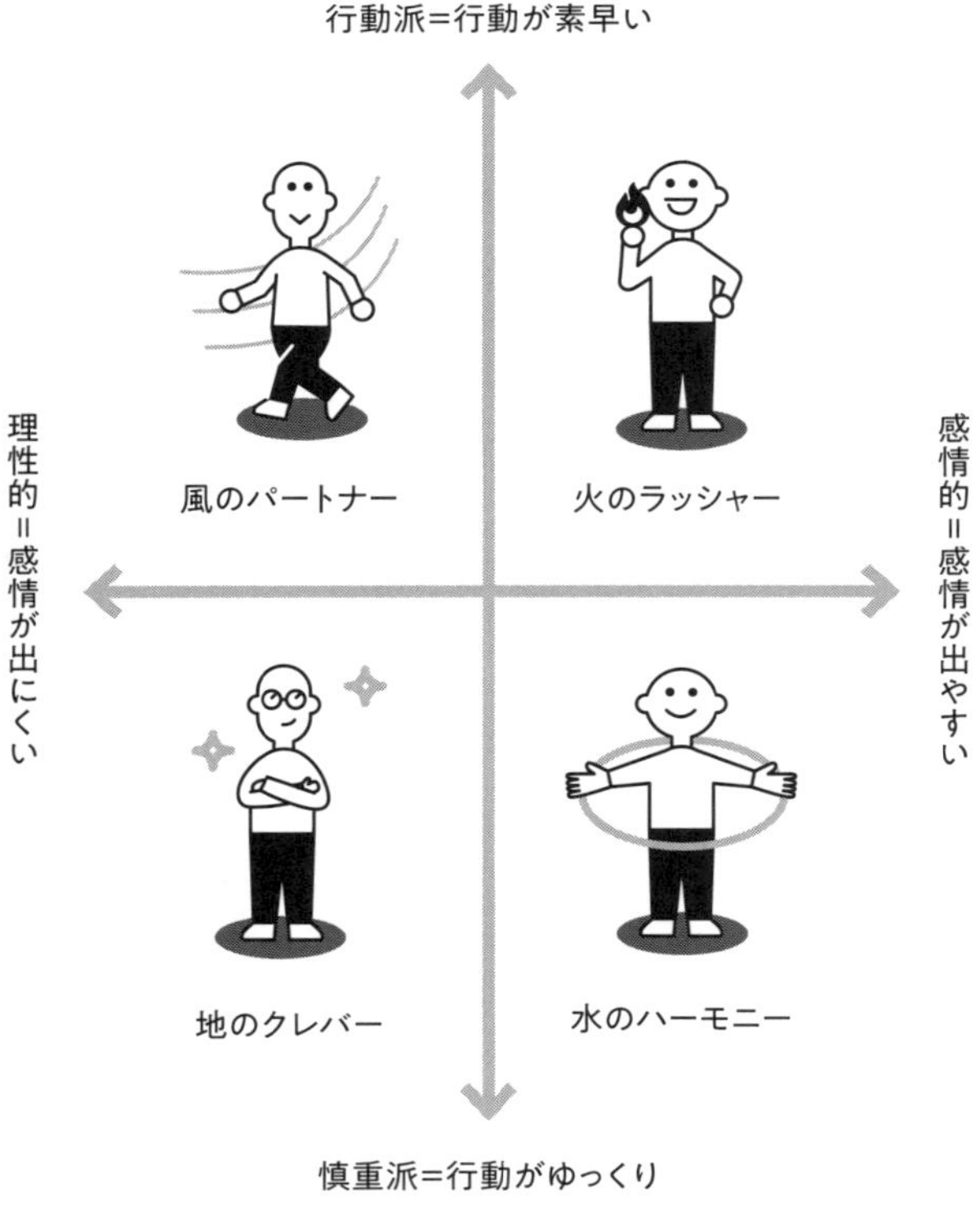
行動派＝行動が素早い
理性的＝感情が出にくい
感情的＝感情が出やすい
風のパートナー
火のラッシャー
地のクレバー
水のハーモニー
慎重派＝行動がゆっくり

タイプに合ったアプローチで、段違いの効果！

その後、４つのタイプ別に、それぞれ違うアプローチでの言葉がけを意識した結果、**９０００人以上の小中高生、そして若いアスリートたちのやる気を向上させ、競技力向上へと導くことができたのです。**

第１０１回全国高等学校野球選手権大会で準優勝を果たした星稜《せいりょう》高校のエースで、現在は東京ヤクルトスワローズで活躍している奥川恭伸《おくがわやすのぶ》選手も、その一人です。

奥川選手は、４タイプある内の「ラッシャータイプ」でした。

ラッシャータイプは物事に積極的に取り組み、行動が早いといった特徴があります。

その反面、自己中心的で、自分の意見を曲げないこともあります。

進んで物事に挑むタイプで、志も高く、そこに関して指導することはほとんどありませんでした。自分で行動できて周りを気にせずやるべきことをやれるので、ピッチャーとして、大変いい個性だといえるでしょう。

ただし、個性が強く出てしまったときには、自己主張が強すぎることもあります。

試合で調子が悪いときにわかりやすくガクッと沈んだり、表情が暗くなったり、態度に表す場面もありました。

奥川選手の凄さはチームのメンバーもわかっています。

しかし、周囲に目を配って考えることができていませんでいした。

そこで私は、**「自分の言動がチームに与える影響を考えてみよう」**と伝え、周囲のメンバーたちにも意識を向けるよう促しました。

そして、具体的な方法として、

「調子が悪いときも、あえて笑顔を作ってみよう」

と言葉がけをしました。

それから彼はピンチのときであっても笑顔を絶やさず勝負の場を幾度《いくど》となく制していきました。

シンプルなことですが、笑顔を作ることによって、周りにプレッシャーを与えず、むしろみんなが「さあ自分もやろう」と前向きなメンタルになっていったのです。


そしてもう一つ、彼は見た感じは大人しく見えると思いますが、情熱をうちに秘めている子でした。

ですので、喜びの動作を大げさに表現してみるように伝えました。

例えば、三振を取ったときにガッツポーズを作る。

メンバーがナイスプレーをしたら、思いっきり拍手を送り、声をかける。

そんなプラスの表現を意識的に入れることによって、チーム全体の雰囲気が良くなり、彼自身の安定感も抜群になっていったのです。

奥川選手のようなラッシャータイプは先頭に立って物事をするのが好きという

特徴もあり、みんなを引っ張っていくための言葉がけに対して、素直に聞いてくれた部分があると思います。

これがマイペースなハーモニータイプの選手だったら、「面倒くさいな」と思っていたでしょう。その子にはまた違った言葉がけが必要だったのです。

4つに分類する意味

私たち人間を4つに分類することにはそれなりの根拠がありますが、ちょっと小難しくなるので、面倒な方は読み飛ばしていただいても結構です。

エンペドクレス（紀元前490年ごろ—430年ごろ）が四元素説《よんげんそせつ》を唱えました。

4つの根源的な要素は「地」「水」「火」「風」です。

地と水と火と風の4つの元素が混ざったり分離したりして、あらゆるもの（万物、世界、宇宙）が作られるとしました。

この考えはインドの仏教思想にも影響を与え、仏教では「四大《しだい》」と呼ばれ、万物の根源とみなしました。

日本書紀（720年）にも「一霊四魂《いちれいしこん》」の記載があります。

古来から日本では、すべての存在が持つ精神の構造は、1つの霊「直霊《なおひ》」と、四つの魂「荒魂《あらみたま》」「和魂《にぎみたま》」「幸魂《さきみたま》」「奇魂《くしみたま》」からできている、という概念があります。

生まれた瞬間から誰の中にも「直霊」という霊があり、それが「荒魂」「和魂」「幸魂」「奇魂」という四つの魂の性格を司っています。

神社にいくと、この魂が神様の一つの姿としてお祀《まつ》りされているのをご存知の方もいらっしゃると思います。

例えば、日本にある神社の最高位「伊勢神宮《いせじんぐう》」では、総氏神《そううじがみ》である太陽の女神「天照大御神《あまてらすおおみかみ》」様をお祀りする内宮の別宮にて、その荒魂が鎮座しているのもその1つです。

荒魂の働きは「勇」で前進する力、和魂の働きは「親」で調和する力、幸魂の働きは「愛」で愛し育てる力、奇魂の働きは「智」で真理を探究する力を表しています。

この4つの特性が混ざり合うことで人の精神は成り立っており、そのバランスによって、いわゆる「個性」が生まれているというものです。

そして、これらの源流は見事に一致していることもわかりました。

「火」と「荒魂」
「風」と「幸魂」
「水」と「和魂」
「地」と「奇魂」

さらには、これらの源流と私が考えていた4タイプの分類が一致しているのです。


「火」と「荒魂」＝「ラッシャー」

「風」と「幸魂」＝「パートナー」

「水」と「和魂」＝「ハーモニー」

「地」と「奇魂」＝「クレバー」

個性を決めつけすぎない

私たちの身の回りには4つに分類されているものが多いですね。

代表的なものは血液型でしょうか。血液型はA・B・O・ABに分類されます。

その他にも季節は春・夏・秋・冬、方角は東・西・南・北、方向は前・後・左・右、四則は加法・減法・乗法・除法です。こうやって見てみると、4つに分類されるものが意外と多いということに気がつきます。

しかし、４つに分類することの重要性を説いているわけではありません。

人間はここで挙げたように明確に分類することは難しいでしょう。

４つの個性は必ず混ざり合います。

どれかが突出して単独で現れることは稀《まれ》です。

どんな人も４つの個性の組み合わせから構成されているので、それぞれの個性の側面を持っているのです。

したがって、特定の個性に決めつけるのではなく、よく観察して、どの個性が強く出ているのかを探し出すことが必要なのです。

そうはいっても、「観察していてもよくわからない」「ある程度個性を見極められる方法はないのか」ということもあると思います。

そこで、今回はチェックリスト（Ｐ４）をご用意しています。

これはご自身で取り組んでもらうものです。

概ね優位性のある個性が見つかると思います。

親が子どもを想定してチェックしても、ある程度は合致すると思います。

あとは、観察して、前述した「行動が素早いかゆっくりか」、そして「感情的か理性的か」という2つの観点から分類してみましょう。

また、親や指導者自身もチェックしてみてください。

大人は子どもほど、はっきりとはタイプの特徴があらわれにくいですが、いずれかのタイプにわかれます。

子どもとの相性がわかる項目も用意していますので、ぜひ取り組んでみてください。

本書を読んで、子どもとあなたが一緒に成長していくことを願っています。

第1章

ラッシャータイプへの言葉がけ

火のラッシャー

目標に向かって猛進する情熱的なタイプ

長　所

- 物事を新しく始めるのが得意。前例のないことに挑んだり、誰よりも先に走り出したりすることが好き
- 情熱的で積極的。議論や勝負を好み、明確な意見をストレートに打ち出す
- 自己肯定感が高く、他人に依存しない
- 勇気があり、何事にも先頭に立とうという意欲がある
- 陽の当たる場所を好み、明るい輝きを放ち、周りの人々を楽しませ生きる喜びを耐える
- 未来志向で、可能性を信じ、新たな取り組みを好む

短　所

- 自己中心的で自分の意見を曲げない
- きつい言い方をして相手を傷つけてしまう
- 喧嘩っ早く、忍耐力に欠ける
- 常にナンバーワンになりたがる
- 見栄っ張りで、うぬぼれが強く、孤立してしまうことも
- 自己を正当化して横柄な態度になってしまう
- 熱しやすく、冷めやすい

燃える炎に象徴される個性であり、高い理想や野心、勇気などを表します。積極的で情熱があり、明るく陽気な行動で直感的。ただ、時には攻撃的な言動になることも。その裏返しが、新しいものを作りだし、停滞を打破していく力強さにもなります。瞬間湯沸かし器のように、一気にやる気に燃えて、すぐ消える傾向があります。

前例のないことに挑んだり、先頭に立って行動するのが好き
物事を新しく始めるのが得意
自己肯定感が高く、他人に依存しない
議論や勝負を好み、明確な意見をストレートに打ち出す
自己中心的で自分の意見を曲げない
見栄っ張りで、うぬぼれが強く、孤立してしまうことも

ラッシャータイプの有名人・アスリート

- 羽生結弦
- 井上尚弥
- 佐藤健
- 平野美宇
- 本田真凜
- 藤田菜七子

ラッシャータイプの子には

目標達成のためのアプローチ

「肯定の言葉」と「アドバイス」をセットで伝えよう

ラッシャーは、物事に積極的で情熱を持って取り組みます。

自ら目標を立てて取り組むことが得意で、目標に向かう新しいアイデアも考えていきます。ですから、放っておいても目標に向かって突き進んでいく傾向にあります。

ただ、やっていることが認められていないと感じると、すぐに冷めてしまうことがあります。普段から目標に向けた行動をしているかきちんと観察してあげましょう。そして、目標に向けた行動ができていたら「よくできているね」と肯定してあげましょう。

もし、やっていることが違うと思ったら、「がんばっているね」と認めた上で、

「この方法のほうがもっと上達すると思うよ」

「〇〇をやってみたらどうかな？」


と的確なアドバイスをしてあげてください。

人から受けた新しい視点は素直に取り入れるタイプなので、すぐに行動に移します。相手に寄り添って目標を伝えてあげてください。

肯定して、アドバイスする。

それが目標に向かって猛進するカギです。ラッシャーがやっていることは、どんどん肯定してあげて、ラッシャーの目標達成をサポートしてあげてください。

失敗したときの対処法

ラッシャータイプの子には

背中を押す前向きな言葉をかけよう

ラッシャーは失敗しても、基本的に引きずりません。
他のタイプと比べても、あまり落ち込まない傾向にあり、自分で失敗から立ち直ることも多いでしょう。

そして、自分が正しいと思うタイプなので、アドバイスを受けても素直に受け取らない傾向があります。

とはいえ、物凄く落ち込んでいるときには、背中をおすような前向きな言葉がけをしてあげると改善のきっかけになるでしょう。

「あなたには力があるから、それを活かしていこう」

「君ならできるよ」

とストレートで前向きな言葉が効果があります。

逆に失敗したことに対して、「何をやってるんだ」「なぜできないんだ？」と咎《とが》めるのは絶対にやめましょう。

自分のことが好きで我が強いタイプなので、信頼関係を損なう可能性があります。ラッシャーは信頼関係が強くないと、なかなか人に従いません。信頼関係が築けていないときには、スポーツ指導や子育てでも苦労することが多いかもしれません。

落ち込んでいるときには、前向きになるよう背中を押してあげましょう。

調子がいいときにはどうする？

ラッシャータイプの子には

客観的に自分を見るための教えが必須です

ラッシャータイプは調子がいいときに、よく言うとノリノリになり見るからに明るく振る舞いますが、悪く言うと、図に乗って周りが見えなくなる傾向があります。

自分の考えだけで突き進み、その分、失敗が舞い込みやすくもなります。

知らないうちに、周りからの反感を買うときもあるでしょう。

周りを見渡すのが下手なので、親や指導者は、ラッシャータイプが客観視するための教えが必要です。


「腰を据《す》えて周りを見てみようか」

「他のメンバーたちが困っていたら、教えてあげてくれないか」


と、自分以外の人に目を向けてもらうようにしましょう。

親や指導者がやってはいけないのは、ラッシャータイプが調子のいいときに、「放置」してしまうことです。

自分が正解だと思って、ひたすら突き進んでしまうので、あなたが気づかせてあげるつもりで言葉がけをしてあげましょう。

結果的に、独りにしてしまう危険もあるので、放置するのはやめましょう。

思いやりを持って、客観視する言葉がけをしていれば、失敗することも少なくなるはずです。

ラッシャータイプ

勝負所ではこう接する

ラッシャータイプの子には

誰よりも優れている部分をストレートに伝えよう

ラッシャーは大一番でのプレッシャーがあまりかからないタイプです。ただわかりやすい性格なので、もしも不安を感じている様子なら、声がけはストレートに伝えてあげましょう。

特にその子の一番の長所を褒めてあげると効果的です。

例えば、

「君は○○が一番だから必ずできる」

「○○ができるんだから、自信を持ってやれ」

などです。

またチームスポーツの場合では、

「君の力でチームを救ってくれ」

と言うと、正義感やリーダーシップに燃えます。

自分にもチームにもいい影響をもたらしてくれるでしょう。

逆に、話が長くなったり結局何が言いたいんだと思わせるような回りくどい言葉がけはやめましょう。イライラしてしまい調子を崩すことになりかねません。

ストレートな言葉がけをして、鼓舞してあげることが重要です。

いい叱り方

ラッシャータイプの子には

強く叱ったぶん、強い反動があるので注意する

ラッシャーは、叱り方に気をつけないと、カッとなりやすいので十分に注意しましょう。

強く叱ると、そのぶん反動が大きくなります。

ですので、ラッシャーのいいところ、できているところを認めつつ、アドバイスをしてあげましょう。

「やっていることは知っているよ、でもこうした方がいいよ」

と優しく語りかけることが大事です。

強く言えば言うほど、裏目に出ます。大喧嘩につながり、一気に信頼関係が損なわれる恐れがあります。

親や指導者は、まずは、自分自身の怒りを鎮《しず》めることが大事でしょう。

また、ラッシャータイプは「一番になりたい」という競争意識も持っています。

「こうすれば、君は一番になれるよ」

と言葉がけできれば、なおいいでしょう。

ラッシャーは相手に尊敬できる部分がないと、なかなか信頼しません。

自分のカッとなる気持ちを抑えて、できる限り穏やかに、大人の対応を心がけることが重要です。

いい褒め方

ラッシャータイプの子には

「〇〇が一番だね」と本人が見落としているいい部分を褒めてあげよう

ラッシャータイプは、「地位や名誉」にこだわりがあります。何かで一番であると言うことを伝えてあげましょう。

まずは、その子が一番になれる部分を見つけてあげることが大事ですが、難しく考える必要はありません。

例えば、

「元気の良さが一番だね」

「挨拶が一番だね」

「準備の早さが一番だね」

など、すごい結果が出ていなくても、いいところを正確に伝えてあげましょう。

ただし、図に乗りやすいタイプでもあるので、本人がわかり切っていることを褒めるのは避けた方がいいです。

また、「君すごいね」「いいよいいよ、その調子」と抽象的なことを言っても、伝わりません。そういったなんでもない部分で褒めすぎると、調子に乗って、周りが見えなくなることもあります。

本人が見落としてしまっている、いい部分に着目して、ここが一番だよとはっきりと伝えてあげましょう。

やる気を引き出す方法

ラッシャータイプの子には

「こうすべき」「とにかくやれ」という押しつけはNG

ラッシャータイプは、目の前にゴールがないとやる気になりません。
ただし、目標さえあれば、突き進むタイプでもあります。
ですので、まずは「目標の明確化」が大事です。

ラッシャータイプ自身が目標を見失っている場合には、親や指導者が目標を作ってあげるといいでしょう。

「まず、ここをやってみようか」

「君ならここで一番になれるはず」

と一緒になって目標を見つけてあげるつもりで、言葉がけをしましょう。

基本的に自ら目標を設定して取り組めるタイプでもありますので、

「こうしなさい」

「とにかくやれ」

と本人の意思に反した押しつけは絶対にやめましょう。

また、やる気が失せてしまうのは、人に指図されたり束縛《そくばく》されていると感じたときです。

上から目線で押しつけがましくアドバイスをするのではなく、その子が一番になれることや長所にフォーカスして、目標を作ってあげてください。

ラッシャータイプの子には

物事に積極的に関わってもらうには

あえて本人に楽しくなるようなアイデアを出してもらう

ラッシャータイプは、それをやることによって、「面白そうだ」と感じられると行動します。

明るい未来が見えることが必要なのです。

それをラッシャー自身が感じられるようにしてあげましょう。

閃《ひらめ》きが多いタイプでもあるので、日々の掃除や学校行事など、何か物事を積極的にかかわらせたいときには、アイデアを出してもらうように促してみるのも一つの手です。


「君だったらどうする？」

「今までにないアイデアがあるとしたら、どんなの？」


と主体的に動けるように伝えるといいでしょう。

また何度もお伝えしているように、ラッシャータイプは一番が好きです。

掃除の場面なら、

「君は床拭きが一番早い」

などと褒めて、促すのもいいでしょう。

また、みんなと同じことはあまりやりたくないというタイプですので、それに関わる「意味」「目的」を明確にしてあげることも大事です。

ラッシャータイプの子には

信頼関係を作るには

自分も実践する姿を見せよう

ラッシャータイプは、「尊敬」できる部分を持っている人を信頼します。

基本的には自分が一番だと思っていますが、逆に言えば「この人すごいな」と思わせれば、信頼関係はいっそう深まります。

自分ができていないのに、口ばかりの人にはついてきません。まずは、自分が実践する姿を見せてあげる必要があります。

特に、スポーツ指導、教育の現場で、言いっぱなしはダメです。確かな「技術」や「知識」を持っていることが重要でしょう。

実はラッシャータイプは、指導者に対して、親しみやすさや馴れ馴れしい感じをあまり求めていません。

向上心が強いので、この人の下なら自分が成長できると感じた人を信頼するのです。

できる限り、その子よりできるところを見せてあげてください。

「それは自分ではわからない」

「自分にはできない」

というのはNGです。

舐められる恐れがあるので、避けるようにしましょう。

ラッシャータイプ

ラッシャータイプの子には

苦手はこうやって克服する

同時進行が苦手なので、優先順位をつけて「選択と集中」ができるようにしよう

ラッシャータイプが一番苦手なのは、物事を同時進行することです。

大きな目標に対してひたすら突き進むタイプですが、その他のやるべきことが疎かになるのです。

細部に目が届きづらく、コツコツとやることが苦手なので、目の前の課題ややるべきことが後回しになりがちです。

親や指導者としては、あれもこれもチャレンジさせるより、物事に優先順位をつけてあげましょう。

優先順位をつけた上で、1つずつ着実にクリアできるようにアドバイスすることが大事です。

「今一番大事なことは何かな？」

と聞いて、優先順位をつけてもらう。そして、

「最初はこれをやってみよう。それができたら次はこれね」

という具合にアドバイスして、「1つずつやり遂げていく姿勢」を身につけてもらうことが重要です。

「選択と集中」ができるかどうかがラッシャータイプの成長につながっていくのです。

ラッシャータイプの子には

自信をどんどん高めるためには

これでもかと「肯定」してあげる

ラッシャータイプは、比較的、自信を持っている子が多いです。

無理に自信をつける必要はありませんが、「やっていること」や「できていること」に対しては言葉がけによって後押しをしてあげると、より自信がついて、前に進む力になるでしょう。

例えば、物事に取り組んでいる姿勢を見かけたときは、

「しっかり取り組んでいるね」

「君のがんばりは周りの人の見本になっているよ」


などと、やっていることをしっかりと認めて肯定してあげることが重要です。

そのためにも普段から、目標に向けた行動をしているかきちんと観察してあげましょう。

また、「いいね」「さすがだね」というストレートな言葉がけも効果的です。

普段から、意識して言葉がけしてあげましょう。

逆に、「自信を持て」と言ってしまうと、自分は自信はあるんだけどな、と思って困惑してしまうときもあります。

承認してあげる気持ちを常に持って、ラッシャータイプの子の物事に対する自信を120%引き出してあげてください。

他のタイプとの相性

ラッシャーとラッシャー

ラッシャー同士はお互いに楽で、信頼関係を築きやすいでしょう。
ただし、どちらかがカッとなると大喧嘩になりやすいので、十分注意してください。

パートナーとラッシャー

パートナーとの関係性は良好です。明るく接することで、ラッシャーもそれに答えてくれます。とことん褒めてあげることを意識しましょう。
パートナーは移り気で、「あれ？　そんなこと言ったっけ？」となりやすいタイプです。子どもとの約束を忘れたりすると一気に信頼関係を失ってしまうので、気をつけましょう。

ハーモニーとラッシャー

ハーモニーは落ち着いていて、猛進するラッシャーの行動を吸収してあげる力があります。

ラッシャーは情熱を外に出しますが、ハーモニーは情熱を内に秘めているタイプです。ハーモニーが聞き役にまわるとうまくいくでしょう。

気をつけるべきなのは、ハーモニーは無関心になりやすいことです。

ラッシャーは自分を見てほしいタイプなので、それを無視してしまうと大きな溝ができます。

笑って適当に受け流すと、火に油を注ぐことになるので、子どもの言うことに関心を持ち、寄り添ってあげましょう。

クレバーとラッシャー

ラッシャーとクレバーは対称的なタイプで、互いに理解しづらい部分があります。

ラッシャーは目標に向かってどんどん進んでいくポジティブなタイプですが、クレバーは逆にネガティブな傾向があり、なかなか行動に移さないタイプです。ラッシャーに対して、頭ごなしに説教じみたことを言いやすいので、ラッシャーはそれに耐えられません。ラッシャーがどんどん言ってくるのを一旦、落ち着かせることが大事です。

感情的にならず「知識」として伝えてあげましょう。

ラッシャータイプ

日比野菜緒選手（プロテニスプレーヤー）と飯山との実体験エピソード

2019年ジャパンオープンのシングルス・ダブルスで優勝を果たした（日本女子テニス界16年ぶりの快挙）女子プロテニスプレーヤーの日比野菜緒《ひびのなお》選手も、「ラッシャータイプ」でした。ラッシャータイプなので、目標に邁進《まいしん》していく傾向があり、強い情熱を持っています。ただし、熱しやすく冷めやすい部分も併せ持っています。

ですので、目標に向かっているときは大丈夫ですが、調子を落としたときに、ガクッと落ちる幅が大きいときがあります。

試合に負けて苦しいとき、気が落ちているときは、違うところに目を向けてあげる必要がありました。

例えば、メンタル指導の際は、「目標はなんだっけ？」「なんのためにやっている？」と再確認するように気を付けていました。

２０１９年のジャパンオープンは見事、シングルス・ダブルスで優勝を果たしましたが、実はその前の大会では負けが続いていました。

そこで彼女には今一度、目標の再確認をしてもらいました。そのときに出てきたのが、「自分が活躍することで日本でテニスをしている子どもたちに勇気を与える。そのために、日本で開催されるジャパンオープンで優勝する」という言葉でした。

日本では、四大大会以外のことはあまり話題にはなりません。自分が、大きな大会で注目を集めることによってテニスの認知度を高めたい。そういった強い思いを再確認して行ったのです。

また、ジャパンオープンが始まる前に、「試合を見て欲しい」と日比野選手に言われました。私のスケジュールを見たときに、決勝戦だけしか空いていませんでした。

彼女はそれを聞いて「決勝まで行かないといけないですね」とさらに意気込んだようすで、きっと決勝まで行く力にもなってくれたのではと思っています。

私のため、と言うよりも、目標が明確になったことが強かったのでしょう。

ラッシャータイプは突き進むタイプですが、周りの人が目標の再確認する時間をとってあげることが大事です。もっともっと伸びていきますよ。

第2章

パートナータイプへの言葉がけ

風のパートナー

自由奔放で社交的なタイプ

長　所

- 純真で好奇心旺盛な行動派で、生き生きと飛び回る
- 思い立ったらすぐ行動し、ネットワークを作っていく
- 知的でユーモアに溢れ、論理的に考える
- 爽やかで軽やかでフットワークは軽い
- 情報を素早くキャッチして、コミュニケーション力に長けている
- 人に関心を持ち、他人の考えに合わせる適応性や順応性が高い
- 正義感が強く妥協しない

短　所

- 移り気で飽き性。物事が中途半端になる
- 軽薄でずる賢い
- 表裏がある
- 落ち着きがなく、優柔不断
- 周囲に流されやすい
- 責任感に欠ける
- 押し付けられると反発する
- 変わり者と思われることも

風に象徴される個性であり、 フットワークが軽く行動は素早い。客観的で自由奔放、 広く浅い交際を好みます。

物事や状況を外から眺め、 感情を交えずに描写することができます。 性格的にはあっさりとしていて、 クールな印象。

一方で持久力に欠け、 束縛を嫌う傾向があります。

パートナータイプの有名人・アスリート

- 久保建英
- 八村塁
- イチロー
- 大坂なおみ
- 高梨沙羅
- 伊藤美誠

目標達成のためのアプローチ

パートナータイプの子には

「誰かのために」という気持ちを持ってもらおう

パートナーは移り気な性格で、飽き性です。目標を定めても中途半端に終わることがあり、途中で次の目標に移ってしまうことが多いでしょう。

器用でなんでもこなせてしまい、すぐにある程度のことはできるようになるため飽きてしまうのです。目標をどうしても達成しようと言う意欲が薄いので、楽しい方に目移りしがちです。

ただ、「誰かのために」という思いがあると、行動に強く結びつきます。

例えば、

「目標を達成して、喜んでくれる人は誰？」

と聞いて想像させてあげると、目標にどんどん向かうようになります。

目標に向かって進んでいる様子を見たら、

「楽しそうに取り組んでいるね」

などと言葉がけをしてあげましょう。

NGなのは、親が目標を決めてしまうことです。

誰かが決めた目標だと飽きてしまいます。

あくまで自発的に、目標を決められるように促してあげましょう。

失敗したときの対処法

パートナータイプの子には

「なぜ失敗したのか？」を一緒に考えよう

パートナータイプは基本的に、失敗を長くは引きずりません。良く言えば切り替えが早いと言えますが、悪く言うと、同じ過ちを繰り返すことが多いタイプです。

ただ、論理的な思考の持ち主なので、理屈がわかっていれば繰り返すことも少なくなります。

同じ失敗を繰り返さないためには、

「なぜ失敗したのかな？」

「何が原因なのかな？」

と言葉がけをして、失敗の理由を一緒に考えてあげることが大事です。

それぞれの意見をぶつけて、論理的に理解してもらえればいいでしょう。

逆に失敗した時に、頭ごなしに非難するのは避けましょう。

「何回、同じ失敗するの！」

「いい加減にしろ！」

と感情的に言っても気持ちが沈んでしまうだけなのでNGです。

信頼関係も一気に薄れてしまうので気をつけましょう。

パートナータイプの子には

調子がいいときにはどうする？

目標ややりたいことの再確認の時間をとろう

パートナーは、調子がいい状態のとき、それで満足してしまう傾向にあります。問題ないケースもありますが、向上心がなくなり元々の目標を見失いがちです。親や指導者としては、もう一度、目標を明確にしてあげましょう。

目指しているところを再確認させてあげる必要があります。

例えば、

「じゃあ目標をもう一度確認してみようか」

「やりたいことを確認してみようか」

と言った言葉がけが大事です。

逆にやってはいけないことは、ノリノリな状態を見て、否定系の言葉を投げかけることです。

「何やってるんだ、調子に乗るな」

「お前のやり方はおかしい」

と、調子を削ぐような言葉がけはやめましょう。

他のタイプよりも一層、小馬鹿にされることを嫌うタイプです。信頼関係を保つためにも気をつけましょう。

パートナータイプ

パートナータイプの子には

勝負所ではこう接する

「喜んでくれる人の顔」を思い浮かべてもらおう

大一番のときにはプレッシャーをあまり苦にしないタイプです。
ただ、「できない人」「ダメな人」と思われたくない性格で、他人がどう思うかに対して敏感です。

人目を気にするので、特定の人だけに意識を向けることが大事です。
親や指導者としては、

「喜んでくれる人の顔を思い浮かべてみよう」

と伝えて、ここで、結果を出すことで喜ぶ人は誰なのかに意識を向けさせてあげましょう。

大事な人を思い浮かべると、力を発揮する傾向にあります。

逆に言えば、

「みんなが活躍を期待しているぞ」

「君にかかっているぞ」

と言うと、プレッシャーがかかってしまうので、気をつけましょう。

周りを気にしすぎると、逆効果になります。

特定の人だけを考えてもらうという意識を持って、言葉がけをしていきましょう。

いい叱り方

パートナータイプの子には

感情的ではなく論理的に伝えよう

パートナータイプは、みんなの前で恥をさらされるのを一番嫌がるタイプです。当然ながら、どのタイプでも嫌なことですが、特に強く出る傾向にあります。途端に反抗的になり、言うことを聞かなくなってしまいます。

特に学校や、チーム競技の指導者であれば、「一対一の場」を必ず設けてから、叱るようにしましょう。

また、感情的な叱り方は逆効果ですので、論理的に説明してあげましょう。

例えば、

「こういう理由があるから、やめておいた方がいいよ」

「こうやったらマイナスだから、こうしてみればどうかな」

など、なぜよくないのか、わかるように声がけしてあげましょう。

親や指導者としては、定期的に一対一で話す場を設けるようにして、お互いが思っていること話してみるのもいいと思います。

叱るよりも、意見を交換するという意識を持てば、落ち着いて話ができるはずです。

NGなのは、みんなの前でレッテルを貼ることですので、絶対に避けるようにしましょう。

いい褒め方

パートナータイプの子には

「できていること」をはっきりと褒めてあげよう

パートナータイプは、「できていること」をわかってもらえていると認識すると、伸びていきます。

ですので、普段からできている行動をよく見ること、そして、それを的確に褒

めることを心がけておきましょう。

「○○ができているね！」

「○○が得意だね！」

と事実を言ってあげると喜び、伸びていきます。

ただ、普段の行動を見ずに、

「すごいね！」

「天才だね！」

と表面上だけで言っても全く響きません。

どこを見てそう思ったのだろうか？　と、子どもが勘繰《かんぐ》ってしまい、口先だけの人だと思われます。

信頼関係を失うので注意しましょう。

「できていないこと」ではなく「できていること」を見つけたら、普段からメモを取っておくと良いでしょう。

パートナータイプ

やる気を引き出す方法

パートナータイプの子には

行動に「意味」を見出すための言葉がけをしよう

パートナーのやる気がなくなる理由は、「飽きた」が一番です。飽き性なので、物事の始めはやる気がありますが、時間が経つとすぐに他のことに目移りしてしまいます。

一つひとつに集中してもらうためには、行動に「意味」を持ってもらうと良いでしょう。

例えば、

「その行動は、なんのためにやっている？」

「喜ばせたい人は誰？」

と、目的を再認識してもらうことが大事です。

なんでもこなせる器用なタイプなので、目的と意味さえ明確になれば、たくさんのことをこなす頑張り屋さんです。

ただ、やる意味を見出せないとできないので、

「やる気を出していこう」

「すぐ次の行動をしよう」

という言葉がけは、効果がありません。意味を見出すように問いかける言葉がけを利用して、やる気が持続するようにしてあげましょう。

パートナータイプの子には

物事に積極的に関わってもらうには

繰り返す作業が嫌いなので、変化をつけてあげよう

単調なことや繰り返す作業は苦手で、すぐに飽きてしまいます。目新しいことをやらせる、同じことであっても違う視点を見せてあげることが大事です。

例えば、野球の素振り練習をさせたい場合でも、継続してコツコツとはできないタイプです。

その場合は、

「好きな選手のフォームを真似て、その選手になったつもりでやってみよう」

など、少しでも変化をつけるといいでしょう。

移り気で飽き性なので、飽きさせない工夫をしましょう。

変化をつけることで、楽しさを見出してもらうことが重要です。

違う視点の言葉がけとしては、

「どうやったら、これを楽しめるだろうか？」

「何をやったら、楽しさを感じる？」

と自分で考えてもらうように、促すのもいいです。

すぐに興味が持てなくても、ゆっくり時間をかけて見守ってあげることも大事です。強制的に物事をやらせるのではなく、楽しみを見出してもらうことを意識しましょう。

パートナータイプの子には

信頼関係を作るには

一対一の場で向き合い、相談に乗ってあげよう

パートナーに信頼してもらうには、「大事な人」や「喜ばせたい人」と思われることが大事です。

やっている行動を理解してあげることが大事で、表面的なやりとりでは信頼を

得られません。

話をするときは、目を見てあげましょう。

話す側が集中していないと、向こうも注意散漫になります。

しっかりと一対一の場で、具体的なアドバイスや相談に乗ってあげることが重要です。パートナーに、向き合ってあげましょう。

叱るときの話とも繋がりますが、定期的に話し合いの場を設けるのも効果的です。

その時の言葉がけとしては、

「いま、どんな状況になっている？」

「チームの状況は、どうなっている？」

と現状を考えてもらうような質問がいいでしょう。

パートナータイプはアイデアが豊富なので、自分で解決策を見出しやすいです。

一緒に解決すれば、信頼関係もグッと深まるでしょう。

パートナータイプ

パートナータイプの子には

苦手はこうやって克服する

1つのことに興味を持ってもらう言葉がけをしよう

パートナータイプは、「1つのことに留《とど》まること」が苦手です。あれこれと考えすぎる傾向がありますので、じっくりと物事に取り組めるような習慣を作ってあげましょう。

1つの物事について、調べるよう促すと良いでしょう。
そしてそのことについて話してもらってください。

「今、○○はどんな様子？」

「○○についての面白いところを教えて」

と言葉がけをして、よく観察した上で、アウトプットしてもらいましょう。
客観的な視点を持つことで、どんどん1つのことに興味が湧いてきます。
そうして物事の重要性に気づいてきます。
単純に、
「1つのことに集中しなさい」
と言っても効果はありません。
本人による「観察と報告」が大事です。
1つのことをとことん突き詰めて、移り気すぎるところを克服できるといいでしょう。

自信をどんどん高めるためには

パートナータイプの子には

「将来のいいイメージ」を思い描いてもらおう

パートナータイプは物事が長く続かなかったり、中途半端に課題を投げ出したりする傾向があるので、そういうときに自信を失いがちです。

自信がないときは、行き詰まっていることに対して、話し合って、いろんなアイデアを出してあげられると良いでしょう。一緒に話しているうちに、本人にもアイデアが出てきて解決することもあります。

また、自信のないときは、ネガティブな方向にばかり目をやってしまう傾向もあります。親や指導者としては、将来に目を向けさせるようにするといいでしょう。

例えば、

「将来の成功している姿を思い描いてみよう」

「自信を取り戻した自分はどうなっていると思う？」

などです。

そこで自分で将来のイメージを描いて、「ワクワク感」が出てくれば、気持ちも晴れて立ち直ってきます。逆にダメな言葉がけとしては、

「あれもこれもやっているからダメなんだよ」

など、行動を否定されると嫌になります。

本来ある行動力や快活さが失われるので、気をつけましょう。

パートナータイプ

他のタイプとの相性

ラッシャーとパートナー

パートナーは明るく朗らかな性格で、楽しそうに自分からどんどん物事に取り組みます。そのぶん、三日坊主が多くなりますが、まずそれをラッシャーは理解してあげてください。

すぐに飽きることを叱りがちですが、叱ってばかりだと、完全にやる気を失くしてしまいます。明るい雰囲気を作ってあげることが大事です。

パートナーとパートナー

親子間だと明るい関係で、コミュニケーションが取りやすいと思います。

ただし、お互いに移り気な性格なので、親がじっくり物事に取り組む姿勢を見せてあげることが大事です。親を見習って子どももじっくり取り組んでみようと行動します。

ハーモニーとパートナー

ハーモニーは穏やかで、包み込んでくれる性質があります。パートナーとしては安心感を得られるでしょう。

ただ、ハーモニーはのんびり気質で刺激がないため、パートナーにとってはつまらないと思うことがあります。ハーモニーの親は積極的に一緒に遊んであげることが大事でしょう。

クレバーとパートナー

クレバーはパートナーに振り回されやすいでしょう。

親であるクレバーが「ちゃんとやりなさい」と叱ることが多くなりがちです。

縛りつけるとパートナーは逃げたくなります。

親や指導者は、まずはパートナーの個性を理解して、こういう子なんだと知っておきましょう。

そして、寛大な気持ちで受け止めることが大事です。

パートナータイプ

大槻周平選手（Jリーガー）と飯山との実体験エピソード

Jリーグのモンテディオ山形やジェフ千葉、レノファ山口FCで活躍した元プロサッカー選手、大槻周平《おおつきしゅうへい》選手も「パートナータイプ」です。

大槻選手は、2019年のJ2リーグで、エースストライカーとして活躍し、リーグ12得点を記録してチーム得点王に輝いています。

以前はJ1のヴィッセル神戸に所属し、2018年12月にモンテディオ山形に移籍したばかりでした。サッカー選手としてのキャリアも後半に差しかかってきたところでしたが、「このまま終わるわけにはいかない。試合でどうやったら活躍できるか」という気持ちがあり、私がサポートさせていただくことになりました。

パートナータイプ

明るくて爽やか、そして悪いことがあっても切り替えが上手なタイプで、アスリートとしてとてもいいものを持っていました。

ただし、パートナータイプに共通するのは、1つの物事に取り組むのが苦手ということです。大槻選手も、試合中にあれこれと考えて、集中力が散漫になることもありました。逆にいうと、状況判断する能力にも長けているということです。サッカー選手にとって重要な能力ですが、他のことを考えすぎて、ゴールをとれなくなってしまうと、ストライカーの役割としては不十分でしょう。

私はより、ゴールを決めるイメージを描いてもらうようにしました。あれこれやろうとするので、1つのシーンでは1つのことに集中してもらいました。

例えば、「ボールを持った時にどうやってゴールを決めるかだけ描いてくれ」、コーナーキックのシーンでは「うまく合わせてゴールする姿だけ描いてくれ」などと言葉がけをしました。

練習するときも、どういった練習をするか決めて、他のことに手を出さないよう指導しました。結果的に、2019年はJ2で12得点、チーム得点王になったのです。

彼が肉体的に仕上がっていたときよりも活躍できたのは、メンタルが強化された結果でもあるのではないかと思います。

パートナータイプは、好奇心旺盛で、何にでも手を出してしまいがちです。周りの人は、じっくり1つのことに取り組ませられるようサポートしてください。

第3章

ハーモニータイプへの言葉がけ

水のハーモニー

穏やかで
調和を求めるタイプ

長　所

- 感受性豊かで共感能力に優れている
- 忠誠心がある
- 集中力があり記憶力がいい
- 人情味に溢れている
- 他の人を思いやる心を持つ
- 意思が強く不屈の精神を持つ
- 粘り強く洞察力がある
- 想像力が豊か

短　所

- 心配性で傷つきやすい
- 頑固で執念深く恨みやすい
- 取り越し苦労が多い
- 独占欲が強い
- 人の好き嫌いが激しい
- 感情の起伏が激しい

水に象徴される個性であり、 流動的でその場のムードや雰囲気を感じ取ります。 感受性豊かで人の気持ちに感応しやすい。感情を優先して、 狭くても深い関係を求めます。

穏やかで優しく、 豊かな反応力や感応力を持っていますが、 他人からの言葉に影響を受けやすく、 悩みやすい傾向があります。

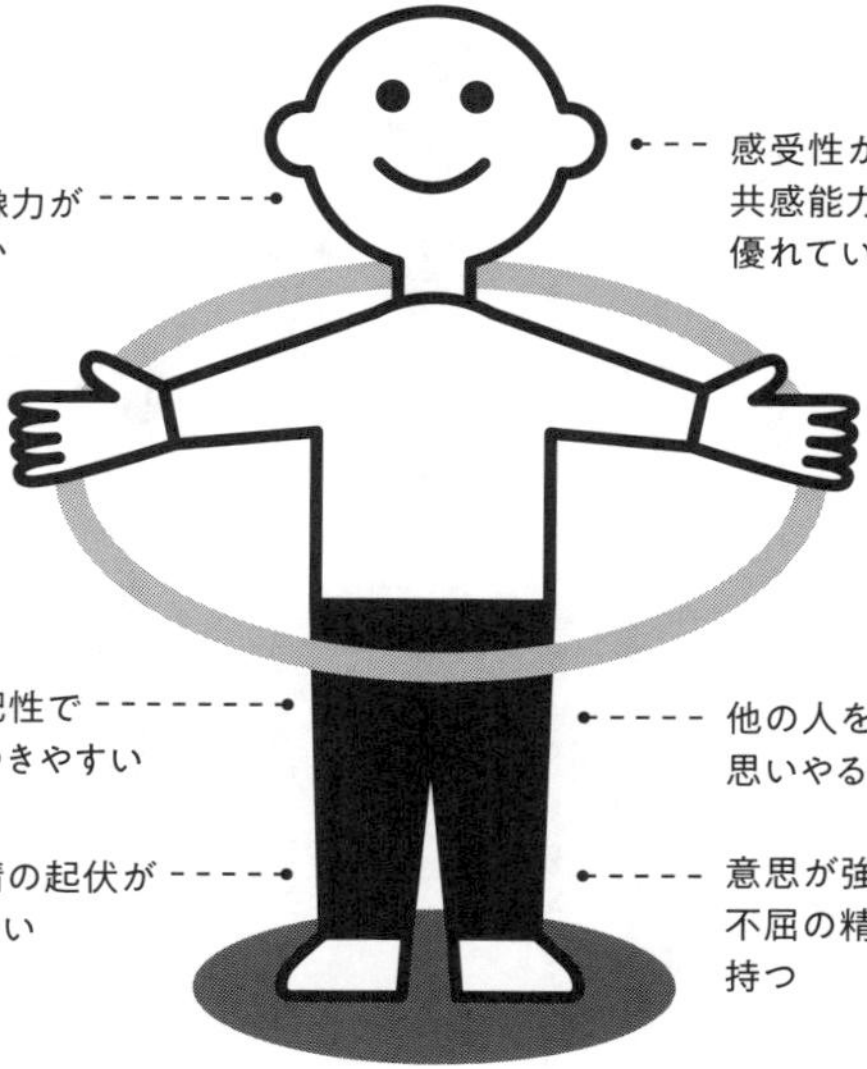

ハーモニータイプの有名人・アスリート

- 大谷翔平
- サニブラウン・ハキーム
- 菅田将暉
- 池江璃花子
- 石川佳純
- 渋野日向子

ハーモニータイプ

目標達成のためのアプローチ

ハーモニータイプの子には

「目標を達成したらどんないいことがある？」と聞いてみよう

ハーモニータイプは基本的に面倒くさがり屋であり、物事に興味関心がないと目標に向かって進もうとしません。
ただし興味を持ったことはとことんのめり込むタイプです。

目標がない場合は、まずは、やる意味、メリットを見出してあげましょう。

「目標を達成したら、どんないいことがある？」

「目標を達成することで、どうなる？」

と聞いてあげてみて下さい。

そして、本人がやってみたいと思ったら勝手に進んでいく傾向があります。

また一人ではのんびりしているので、目標に向かって頑張っている人たちが集まる場に行くと、感化され自分も頑張ろうと燃えてきます。

例えば勉強であれば、図書館や環境を変えてみたり、一緒に勉強する仲間を巻き込んでやらせてみたりするといいでしょう。

NGなのは、

「早くやりなさい」

と急かすこと。一気にやる気をなくします。のんびり屋なので、急かされるのが嫌いなので、本人が興味を持てるまで見守りましょう。

ハーモニータイプ

失敗したときの対処法

ハーモニータイプの子には

まずはそっとしておく、次に「対策」を考えてもらおう

ハーモニーの場合、失敗しても、あまり落ち込みません。

そもそも、のんびりしていて熱くならないタイプなので、失敗したときのメンタルの落差が少ないのです。

人から心配されるのが苦手なので、基本はそっとしてあげましょう。

人の気持ちを察するタイプで、自分が気遣われていること自体を気にする繊細な一面があります。

失敗をしてしまったときの言葉がけとしては、

「次はどうしようか？」

「次はどうやっていこうか」

と次の対策を考えてもらうといいでしょう。

根掘り葉掘り失敗の原因を追及するのはやめましょう。

基本はそっとして欲しいので、「大丈夫か」と心配しすぎるのもやめておいた方がいいです。

失敗したことに対しては、深堀りしないという態度が重要です。大らかで繊細な部分を、理解してあげましょう。

ハーモニータイプ

調子がいいときにはどうする？

ハーモニータイプの子には

「絶好調だね」と客観的に見たことを伝えてあげよう

基本的には放っておいて欲しいタイプです。
そして何も言われなくても、自分で考えて行動できる力を持っています。
謙虚で、調子が良くても、あまり調子に乗った行動をしないでしょう。

言葉がけとしては、

「絶好調だね！」

「乗っているね」

と事実を伝えてあげると、きちんと見てくれているということが伝わります。

指導者側は心配になりがちですが、基本は言葉がけは少なめで、笑顔で見守ってあげてください。

NGなのは、調子のいいときに

「調子に乗ってってはダメだよ」

「他にやることやりなさい」

「謙虚になりなさい」

と指摘してしまうことです。

いい調子のリズムがくずれて、やる気がなくなってしまうので、気をつけましょう。

ハーモニータイプの子には

勝負所ではこう接する

人からの「期待感」を背負わせてはいけない

ハーモニータイプは、集中力が高く、忍耐力があります。集中できているときは、いつも通りの力が出せます。緊張やプレッシャーがあっても、表に出るタイプではないので、親や指導者は

気づきにくいでしょう。

自己コントロールはできるので、具体的なアドバイスよりもシンプルな言葉がけがいいでしょう。

効果的な言葉がけとしては、

「落ち着いて、いつも通りやろう」

「普段通り、がんばっていこう」

などです。いつも通りやれば大丈夫ということを伝えてあげてください。

ダメなことは、

「しっかりやってこい」

「みんなが期待してるぞ」

と人から期待されていると思わせてしまうと、重く感じます。

本人は、「自分がやりたいからやっている」だけなので、みんなの期待を背負わせない方がいいのです。

ハーモニータイプ

いい叱り方

ハーモニータイプの子には

マイペースすぎるところを叱っても効果はゼロ

ハーモニータイプはのんびり屋さんです。
行動が遅いことが原因で叱られることが多いでしょう。
とにかくマイペースなので、それが気に食わずに「遅いぞ」と叱りたくなるかもしれませんが、それを言っても響きません。

叱り方としては、

「（課題などに対して）もう少し時間に余裕を持ってやってみようか」

「早めに準備してみようか」

とアドバイスしてあげるといいでしょう。

NGは、

「早くやりなさい」

「なんでできないの」

という言葉がけです。

そう言われると、面倒くさくなって、余計にやる気がなくなります。

急かせば急かすだけ行動が遅くなっていくので、アドバイスするつもりで接してあげると良いでしょう。

また傷つきやすい一面もあるので、強く叱るのはやめましょう。

ハーモニータイプ

いい褒め方

ハーモニータイプの子には

「自分も嬉しいよ」と共感しながら褒めてあげよう

ハーモニーは、利己的ではなく利他的で、相手が喜ぶと自分も嬉しいと思うタイプです。

例えば褒めるときには何かができるようになったのなら、

「できるようになって自分も嬉しいよ」

と共感してあげると、ハーモニータイプの子も嬉しくなるでしょう。

親自身も嬉しいというのをはっきりと伝えることが大事です。

それが次も頑張るためのエネルギーになります。

NGとしては、

「この調子でもっとやってみよう」

と言うことです。

まだやるの？　と思ってしまいます。

無理に背中を押す言葉をかけても通じません。

逆に言われることに疲れてしまって、ふてくされてしまう場合もあります。

興味関心のないことはやろうとしないので、無理に後押しするのではなく、共感の言葉がけを心がけましょう。

やる気を引き出す方法

ハーモニータイプの子には

課題や練習に新しいことを取り入れてあげよう

ハーモニータイプは、やる気をあまり見せない傾向にあります。そして、基本的には、そっとしておいて欲しいタイプです。

とはいえ放っておくと、やる気が出ずにのんびりとやり過ごしがちなので、少し刺激を与えてあげるようにしましょう。

ハーモニーは同じことを繰り返す傾向があるので、変化をつけてあげることが大事です。何か新しいことを取り入れてあげてください。

例えば、

「今までと違うことをするとしたら、どんなことをやってみたい？」

と言葉がけをしてあげると、徐々に興味が湧いてきます。自分で考える力があるので、一度考えると、どんどん湧いてくるのです。

スポーツであれば、同じ練習の中にも変化を持たせてあげましょう。

例えば、野球のバッティング練習なら、いつも金属バットで打っているところを木製バットに代えるなどです。

使っているツールを変える。トレーニングの順序を変える。など、変化をもたらすため新しい刺激を与えてあげましょう。

そうすると、やる気が出て燃えてきますよ。

ハーモニータイプ

ハーモニータイプの子には

物事に積極的に関わってもらうには

細かな指示をするのではなく、アイデアを褒めてあげよう

積極性がないので、指導するには少し難しいタイプです。
ただ、みんなで行動するような場に置くと、積極的に動き出す傾向があります。
周りが動いていると、一緒になってやろうとするのです。

親や指導者は場の力を借りてみるのもいいでしょう。

ハーモニーは独特の感性、直感力を持っています。

みんなと順応する気がないので、変わった意見やアイデアが出てくるでしょう。

そんなときに、

「それは面白いね」

「いい意見だね」

と褒めてあげると、積極性が湧き出てきます。

その代わり、細かい指示が苦手でなんでも自分で決めたいと思っています。

「具体的にこうしてみろ」

「言った通りにやってみて」

と言われるのが嫌いなので、極力、細かな指示は避けるようにしてください。

ハーモニータイプ

ハーモニータイプの子には

信頼関係を作るには

少しでも約束を破るとすぐに信頼関係が損なわれます

信頼関係を築くためには、とやかく言わずに、そっと見守ってくれるかどうかがカギです。

ハーモニーは感情を汲《く》み取る力が強いです。

親に対しても同じで、しっかり自分を見ていることを、ハーモニーは感じ取れます。

母親が赤ちゃんを見ているイメージに近いですね。

細かく注意したり叱ったりすることはできる限り避けましょう。

そして、一番に気をつけることは約束を破らないことです。

約束を破られると一番根に持つタイプです。

裏切りを感じるとすぐに信頼関係が損われますので気をつけましょう。

幼いときほどその傾向は強く、昔にされた嫌なこともしっかり覚えているタイプです。

あれこれ言わずに優しく見守ってあげること。

そして子どもと交わした約束はしっかりと守ること。

この2つに注意しましょう。

ハーモニータイプの子には

苦手はこうやって克服する

「これをやるとどんないいことがある？」とメリットに気づかせてあげよう

早く行動することが苦手で、のんびりとしています。「早くやりなさい」と言われることを嫌がります。関心がないと動かないタイプなので、

「これをしっかりやることで、どんなメリットがあるか」

聞いてあげて、主体的に動いてもらうことが大事です。

メリットに気づけば動くようになるでしょう。

また、実務的なことが苦手です。

例えば、道具の手入れや日々の掃除、宿題などをとても面倒くさがります。

着実にやっていくのが苦手なので、ここでも
「これをやることで、どんないいことがあるかな？」

と言葉がけをしてあげて、物事をやることで起こる、いいことに気づかせてあげましょう。

また、4つのタイプの中でも、神秘的なことや占いなどに一番興味を持ちやすいタイプです。例えば野球の試合などでスランプに陥っているときは、

「グラウンドの神様が、君を打たせてくれるよ」

と言った言葉が響きます。効果的な言葉がけで、苦手を克服させてあげてください。

ハーモニータイプ

ハーモニータイプの子には

自信をどんどん高めるには

「過去の成功体験」を思い起こしてもらおう

ハーモニータイプが自信が失われているときは、切り替わりが遅く、ずっとグダグダしている傾向があります。

そういうときは、やることが明確になっていない場合が多いです。

基本的に、何か1つやることが明確に決まっていると、それに向かって無心で進んでいきます。

まずは話を聞いてあげましょう。

ハーモニーがやりたいことが1つでも見つかればオッケーです。過去うまくいった経験を思い起こしてもらい、その経験を元にして見つけていくのも効果的です。

例えば、

「過去うまくいったときはどうだった？」

「あのときはこうやってうまくいったよね、何が違うと思う？」

などです。ハーモニーは過去の成功体験を糧《かて》にする力があります。

NGは、

「将来を考えろ」

ということです。自信がないときに将来を目を向けさせるのは難しいので、過去の良かったことをじっくり聞いてあげるようにしましょう。

他のタイプとの相性

ラッシャーとハーモニー

ラッシャーはどんどん進みたいタイプで、ハーモニーを急かしてしまいます。ですので、ハーモニーの子どもは叱られてばかりなことが多いです。

ラッシャーの親は言いたい気持ちを抑えましょう。

ハーモニーはマイペースということを理解してあげてください。行動の遅さを指摘しても無駄です。

そもそもハーモニーは親に期待しておらず、自分がどう思うかを重要視しています。

行動の遅さを指摘したい時には、

「スタートの時間を早めてみよう」

「朝起きるのも30分早めてみよう」

と時間に対して具体的に、促してあげることが大事です。

パートナーとハーモニー

パートナーは明るく朗らかで、いろんなものに興味を持っています。それがハーモニーを引きつけるもとになります。無関心な部分を克服できる要素になります。親自身が好奇心を持ってやっていると、パートナーも一緒にやっていきます。

ただ、マイペースを理解してあげないと、無理に動こうとして、衝突が起きます。少しずつでも、着実に進んでいることを認めてあげましょう。

ハーモニーとハーモニー

お互いに穏やかで、和やかな雰囲気になるでしょう。

ただし、二人とものんびりしすぎてしまいます。

親は子どもに関心を持たせることが重要です。

親は「こういうことに関心があるよ」、「こういうことをやってるよ」と言う姿を見せることが大事です。子どもも一緒に関心を持ち始めます。

クレバーとハーモニー

ハーモニーの子どもはのんびり屋なので、クレバーは必要以上に心配してしまいます。しかし、ハーモニーは心配されるのが苦手です。それよりも褒めることを忘れがちなので、少しでもできたことがあれば褒めてあげる習慣をつけましょう。

ハーモニータイプ

髙木菜那選手（スピードスケート）と飯山との実体験エピソード

2018年2月に開催された平昌五輪女子スピードスケートで、マススタート、チームパシュートの2種目で金メダル獲得の快挙（五輪では日本人女性初）を成し遂げた髙木菜那《たかぎなな》選手もハーモニータイプでした。

基本的にはハーモニータイプの傾向通り、教えたことを素直に受けとめて、取り入れていくタイプで、感受性豊かな面があります。

ただし、嫌なところが見えたときには物事が進まなくなる傾向があります。

また、目標ができても、やり遂げる前に目移りすることも多いです。

ですので、平昌五輪を前にした初めのメンタルトレーニングでは、目標設定からはじめました。

目標を明確化するために、私がした質問は「目標達成することでどうなりたい？」というものでした。

彼女は「家族」「両親」を笑顔にしたいと答えてくれました。

そこで定まった目標が、

「姉妹で金メダルをとって、両親を笑顔にする」

というものです。

もし、この目標が「自分が金メダルを取りたいから」だけだと高い期待は持てません。自分のために、自分の喜びだけを考えて目標を実現しようとしても、途中で諦めてしまうからです。

ハーモニータイプには、自分にとって大切だと思うことを守る心が根本的にあります。髙木選手にとっては「家族」「両親」が大切な人であり、喜ばせたい人であり、その人たちを笑顔にしたいという気持ちが金メダルへの原動力になったのです。

ハーモニータイプは利他的で、相手が喜ぶと自分も嬉しいと思うタイプです。

そういった想いが、目標に向かっていくエネルギーになります。

ハーモニータイプ

第4章

クレバータイプへの言葉がけ

地のクレバー

石橋を叩いて渡る慎重な知的タイプ

長所

- 粘り強く意思が強い
- しっかりとした価値観を持つ
- 忍耐力がある
- 芸術的で五感に優れている
- 勤勉で能率が良い
- 優れた整理能力と分析力を持つ
- 沈着冷静で落ち着きがある
- 義務に忠実で規律正しい

短所

- 頑固で想像力に欠ける
- 所有欲が強い
- 型にはまりやすい
- 融通がきかない
- 完璧を求めすぎる
- 口うるさく気難しい
- 臆病で潔癖症
- 視野が狭く疑り深い

大地に象徴される個性であり、 現実的な思考を持ち用心深い。経験と実感を大切にし、 実際に自分の身体で経験し、 納得して、 物事を運んでいきます。 我慢強く努力家で持久力もあります。 堅実で真面目な印象ですが、 一方で頑固になりやすい傾向があります

クレバータイプの有名人・アスリート

- 錦織圭
- 内村航平
- 桃田賢斗
- 白井健三
- 浜辺美波
- 吉岡里帆

クレバータイプ

クレバータイプの子には

目標達成のためのアプローチ

小さな目標をコツコツ積み上げよう

クレバーは完璧主義者で、物事をきっちりとやり遂げたいタイプです。堅実かつ現実的なことを考えることが好きで、チャレンジ精神はそこまで強くありません。

目の前のことに、黙々と取り組むため、目標に向けてもコツコツと進み、やり遂げることができるでしょう。

ただし、目の前の課題に取り組むのは得意でも、将来を想像して大きなビジョンを描くのが苦手です。

親や指導者としては、数年後の大きな目標を達成させてあげるためには、サポートが不可欠です。具体的に言えば、大きな目標を小さく分けてあげましょう。

そして、

「一歩ずつしっかり進んでいこうね」

と一つひとつ着実な積み重ねの大事さを伝えてあげるといいでしょう。積み重ねるうちに、大きな目標が達成されます。

避けていただきたい言葉がけは、

「とにかくやってみなさい」

「挑戦してみなさい」

です。具体的でない目標では納得せず、行動に移しません。

クレバータイプ

失敗したときの対処法

クレバータイプの子には

自分の失敗談とそれを乗り越えた経験を語ってあげよう

基本的に、悲観的な考えを持ちやすいタイプです。

「なんでこんなことになったのか」と、クヨクヨと引きずってしまうことが多いでしょう。

なんで私だけが、と被害者意識を持ちやすく、立ち直るのにも一番時間がかかるタイプです。

対処法としては、まずは、失敗を慰《なぐさ》めてあげましょう。悲しみを受け止めてあげる姿勢が重要です。

「つらかったねえ」と共感しましょう。

しかしそれだけで終わらないでください。

「私も○○で失敗して落ち込んだけど、こうやって立ち直ったよ」

と自分の失敗の体験談や周りの失敗談、それを乗り越えたエピソードを具体的に話してあげてください。クレバーは他人のエピソードに共感しやすいので、話を聞いて、それに納得すると立ち直ります。

NGなのは、

「いつまでもクヨクヨするな、元気出せ」

ということです。余計に落ち込んでしまうので、控えましょう。

クレバータイプの子には

調子がいいときにはどうする？

自惚《うぬぼ》れやすいので、現状を打破する言葉を投げかけよう

感情をあまり表に出さず、言動に出にくいので、調子がいいかどうか判断しづらい傾向があります。

ただし、表には出なくても、自意識が高く、自惚れやすいタイプです。

「自分には才能がある」と自意識が高くなったとき、ピンチに陥ります。「練習しなくても大丈夫だ」「課題は後回しで大丈夫だ」といった思いから失敗につながります。

親や指導者にできる対策としては、

「失敗をしてしまうかもしれないから用心しようか」
「次のことを考えてやってみようか」

とストレートに今の状況を打破する言葉をかけてあげてください。

自分は特別だと言う振る舞いが見えたときに、

「何をやっているんだ」
「自惚れるんじゃない」

と叱りつけることはやめましょう。

逆上し頑固者の顔を見せることもあります。

自惚れているような言動があれば、様子を見て、前述の言葉をかけてみましょう。

クレバータイプの子には

勝負所ではこう接する

一度悲観的なことを考えると引きずるので、切り替えのための言葉がけを

大一番に強いタイプで、あまりプレッシャーを感じません。

基本的には、慌てず落ち着いて行動できるでしょう。

ただ、時には、悲観的な部分が出ることもあります。

そしてクレバーは一度悲観的なことを考えてしまうとそれを引きずってしまいます。

「これ無理かな…」「やばいな…」という気持ちを払拭させないといけません。

切り替えが得意じゃないので、そういうときは、これまでにプレッシャーを跳ね除けた人たちの体験談を話してあげるのが一番です。

「私は大一番のときにこうやって切り抜けたよ」

「イチロー（クレバーが尊敬している人）はこうやって乗り越えたみたいだよ」

と話してあげましょう。

時間があれば、背中を押すような本を薦めてあげるのもいいでしょう。

ダメなのは、

「へいきへいき大丈夫」

「お前ならできるよ」

と軽々しく言うことです。

そんなこと言っても無理だよと思われ、信頼関係も失ってしまいます。

クレバータイプ

いい叱り方

クレバータイプの子には

ネチネチ言うと、どんどん殻に閉じこもるのでNG

クレバータイプは、基本的に頑固で、叱られると殻に閉じこもってしまいます。強く叱るほど、強く閉じこもります。

自分のことしか考えられず、クヨクヨしてしまうので、他の人に意識を向けてもらうことが大事です。

うまくいかず、ふてくされている様子の時には、

「君と同じような経験をしている人はいるよね。そんな人はどうしてる?」

と言ってみたり、

「ふてくされた人を見て、君はどう思う?」

と同じような状況の人を思い浮かべさせたりして、他人の嫌なところを見て欠点を自覚すると、自分も嫌だなと思いやめてくれる場合があります。

ダメなことは、ネチネチということです。

「そうやって閉じこもるのがダメなんだよ」

と同じことを何度も言っても効果はありません。

自己防衛本能が働いて、閉じこもった殻がどんどん硬くなります。

根に持って、信頼関係も失ってしまうので、気をつけましょう。

クレバータイプの子には

いい褒め方

「細かいことに気がつく」という長所に目を向けてあげる

クレバーのいいところは、真面目でしっかり者なところです。物事に対して真摯に取り組もうとします。課題に取り組んでいても、細かいことに気がつくでしょう。

まずは、

「細部までよく見ているね」

ということを褒めてあげましょう。

また、積極的に動くタイプではありませんが少しでも前向きな積極性が見えたら、

「ちゃんと行動できてるね」

と認めてあげてください。もう少し積極的に動いていこうかなと思い始めます。

ダメなのは、褒めようとして

「いいね」

「すごいね」

と言ってしまうことです。

どこがすごいのだろう？　ととても気にしてしまいます。

漠然とした褒め方ではなく、具体的に褒めるようにしてください。

やる気を引き出す方法

クレバータイプの子には

やる気の出ないときに、明るく振る舞うのはやめよう

やる気が出ないときには、とことん悲観的になって引きこもりがちになります。
「どうせ私なんて…」という言葉を口にしやすくなるでしょう。
そこで指導者がやりがちなのが、明るくコミュニケーションを取ろうとするこ

とです。しかし明るく振る舞うことは逆効果で、いらいらさせてしまうだけです。

「悲しいこともあるよね」

「やる気が上がらないときもあるよね」

とまずは寄り添った上で、

「みんなと同じようにやってみようか」

「一緒にやってみようか」

と言ってみてください。

やっていくうちに変わっていくタイプなので、きっかけさえあれば動いていきます。ですので誰かと一緒に物事に取り組んでみることが効果的です。

やる気を下げてしまうのは、

「なんでやる気ないの?」

「どうしてそうなの?」

という言葉です。やる気がどんどん下がっていくので注意しましょう。

クレバータイプ

クレバータイプの子には

物事に積極的に関わってもらうには

責任感が強いので「約束」をしてみる

基本的には物事に消極的で、嫌なことには関わりたくないタイプです。
動きが重く、動き出しが遅い方です。
ただし、課題ややるべきことに対しては、責任感が強く実行に移していきます。

親や指導者との約束も必ず守ろうとするタイプなので、

「これ約束ね！」

と、子どもとなんらかの約束をしてみましょう。

この人と決めたからきちんとやり通そう、という責任感が働きます。

強い意志を持っていますので、うまく引き出してあげましょう。

ただし、責任感を利用して、過度な要求をするのはやめてください。

感情を表に出さないので、わかりにくいですが、気づかないうちにストレスを抱えてしまっているかもしれません。

本当にその子にとって大事かどうかをきちんと見極めた上で、「これ約束ね」と言葉がけするようにしてください。

そして当然ですが、親自身も約束を覚えておいて、達成したときは思いっきり褒めてあげてください。

クレバータイプの子には

信頼関係を作るには

細かいところまで目を配ってあげよう

基本的に、信頼関係を得るまで時間がかかります。
人を信用せず、用心深いタイプです。
行動が慎重で、石橋を叩いて渡ります。

人の行動を見てから進むタイプで、特に大雑把な人は信頼しません。

細かいところまで、目を配ってあげる。

物事をやるにしても、順を追って言ってあげてください。

準備をするときも、

「まずはこれ、次にこれ、最後にこれ」

と丁寧に順を追って接してください。

いつも気にかけてくれていると思わせることが大事で、だんだんと信頼してくれるようになります。

また、嫌なことをされたらいつまでも覚えているタイプです。

基本的に上から目線で指導するのはやめましょう。

冗談のつもりでも根に持たれるので、軽口は叩かないように気をつけてコミュニケーションを取ってください。

苦手はこうやって克服する

クレバータイプの子には

苦手なことには、「ご褒美」が効きます

苦手だと思うことは避けて通る臆病な一面があります。
また、自分を表現するのが苦手です。
ですので、他の人はどうしているか、体験談で説明してあげることが重要です。

自分自身や身近な人の事例を引っ張り出して、苦手を克服したエピソードを話してあげましょう。

またもう一点、目に見える確実なものを信用するタイプなので、「ご褒美」が効きます。

「苦手なことをやることによって、将来〇〇がもらえるよ」

「これをあげるから、少し頑張ってみようか」

という言葉がけは効果的です。

お金・モノへの執着があり、偉大な人や権威のある人に影響されやすいです。

逆に、抽象的な言い方はダメです。

「達成感が得られるよ」

「きっと成長するよ」

と言っても全く効果はありませんので、控えるようにしてください。

イメージで説得するより具体的な例を挙げて、言葉がけをしましょう。

クレバータイプの子には

自信をどんどん高めるためには

プラス面に目を向けさせよう

クレバーは、落ち込んだらそのまま落ち込み続けてしまうタイプです。
マイナス面ばかり見て、視野が狭くなってしまっている状態です。
ですので、いまやっている物事のプラス面に目を向けさせる言葉がけをしましよう。

「物事のプラス面に目を向けてみよう」

「その物事のプラス面にはどんなことがあるかな？」

と言葉がけをして、視点を変えてあげましょう。

例えば、部活などで試合に負けて落ち込んでしまったときは、

「課題は見つかったよね」

「これを乗り越えたらさらに成長できるね」

など言葉がけしてあげるようにしてください。

指導者がやりがちですが、さらに自信を失わせてしまうのは、できなかったことの原因を追究させることです。

これではどんどん気が沈んでいってしまいます。

自信を失っているときはまずは寄り添い、そしてプラス面を見つける言葉がけをして、マイナスに向いた視点を変えてください。

他のタイプとの相性

ラッシャーとクレバー

対照的なタイプで、ラッシャーはクレバーに対してイライラしがちです。クレバーはよく悲観的になって、なかなか動きだしません。ラッシャーは行動力があるため、「何度も同じことを言わせるな」と言いたくなりますが、そうすると、クレバーはさらに悲しくなってしまいます。

まず、ラッシャーはクレバーの痛みがわかるようにならないといけません。子どもの気持ちにまずは同情、共感してあげることが大事です。

パートナーとクレバー

パートナーは共感する能力があり、クレバーの悲観的な部分をわかってあげられます。しかし、あまり長続きしません。パートナーは注意散漫で、移り気なので、共感してもすぐに気持ちが次に行って、クレバーへの配慮が行き届きません。子どもはちゃんと気にかけてくれているかと不安になりやすいでしょう。まずは、十分に共感する姿勢を見せてあげて、粘り強く、優しく朗らかに接することが大事です。他のことはさておき、まずは子ども第一くらいに思って、気にかけてあげてください。

ハーモニーとクレバー

ハーモニーは同じことばかり言われ続けると、次第に無関心になってしまいます。子どもの繰り返しの言動も面倒になり、知らん顔をしてしまうこともあるでしょう。こうなると、クレバーは悲観的になってしまいます。「気にかけてくれない」と思わせないように、自分から関心を向けてください。そして穏やかに接

クレバータイプ

してあげましょう。

クレバーとクレバー

同じタイプなので、基本的には同情し合います。

「そうだよな」とわかり合える仲です。

ただ、お互い悲観的で、批判的な見方もします。

お互いの悪いところを言い出すと止まらないので、気をつけましょう。

悪いところを言うよりも、改善点を出し合うと、お互いの成長に繋がっていくでしょう。

クレバータイプ

山瀬慎之助選手（プロ野球選手）と飯山との実体験エピソード

第101回全国高等学校野球選手権大会で準優勝を果たした星稜高校のキャプテンで、現在は読売ジャイアンツで活躍している山瀬慎之助《やませしんのすけ》選手も、クレバータイプです。

粘り強く、課題をきっちりこなし確実にものにしていこうという意思を持っていました。

ただしクレバータイプの特徴でもある「行動の遅さ」が目立つこともありました。

強豪校のキャプテンとして、率先して言動でチームを引っ張ることが必要だと思い、物事に素早く取り組むことの大切さをお伝えしました。

具体的な言葉がけとしては、「最初に自分がやろう」「まずは自分がやってみよう」と積極性を促しました。

また、笑顔や前向きな行動も率先してやってもらうようにしました。甲子園で、智弁和歌山と激闘を繰り広げた際にも彼の存在が勝利へと導きました。延長13回の裏、星稜高校の攻撃が途絶えて、14回表の守備につく際に彼は「必笑《ひっしょう》でいこう」と笑顔で周囲に言葉をかけて、そして自らを鼓舞して、明るいムードへ変化させていきました。

そうして14回表を守りきって迎えた14回裏、劇的なサヨナラスリーランホームランで勝利することができました。

13回裏の攻撃が終わって意気消沈した雰囲気のまま守備についたら危なかったかもしれません。14回の前に、キャプテンとして自ら言葉かけしてくれたことが大きかったと思います。

そのほかにも、球場のゴミ拾いを行う際も、彼はいろんなところに目を配らせて誰よりも多くゴミを拾っていました。キャプテンとして「自分が動く」ということを体現していました。

クレバータイプの行動の遅さをカバーするためにも、周りの人が「最初にやってみたらどうかな」など、声をかけて行動を促してみてください。もっと能力が伸びていくはずです。

第5章

あなたの個性を伸ばす!自己教育

自分にない個性を伸ばす自己教育のススメ

「自己教育」とは、自分に持っていない個性を伸ばしていくことです。

人間には4つのタイプがあり、特に子どものころはタイプごとの個性が強く出やすい傾向にあります。そして大人になるにつれて、いろいろな経験を積むことで、各タイプの個性が混ざり合います。例えばハーモニータイプののんびり屋でもリーダーの役割をこなすうちに、ラッシャータイプの周囲を引っ張る力が伸びていくものです。

逆に言えば、大人になっても、自分のタイプ以外の個性の部分を伸ばす努力をしていないのはあまりよくない状態です。すぐに物事に飽きる大人が、すぐに物事に飽きる子のやる気に火をつけることは難しいでしょう。

特に、子どもたちをサポートする親や指導者たちは、自分のタイプ以外の個性を身につけることで、自分をコントロールしていく力を身につけましょう。

柔軟な対応で、子どもの個性に合わせたサポートをしてください。

大人になっても根本的な個性は変わりませんが、タイプは混ざり合います。

人として、成長するということは、自分の本来の個性以外の別の個性も伸ばしていくことです。

そのために「自己教育」と言う概念で、いかに他の個性を伸ばしていけばいいか、と言うことを指導者や親にもお伝えしています。

まだ自分のタイプを知らない方は、まずは、本書の冒頭の「タイプ診断」をしてみてください。自己教育によって、4つのタイプがバランスよく入ってくることが一番いい状態です。できれば、親や指導者は全部のタイプになれるのがベストです。

人の気持ちもわかり、コミュニケーションもうまく行くでしょう。

この章では、タイプ別の自己教育の方法をご紹介しています。

今回はタイプ別に特に、弱い部分を伸ばすことにフォーカスしてお伝えしていきます。

子どもを的確にサポートできる親や指導者になれるよう、自己教育を実践してみてください。

ラッシャータイプの自己教育

特に、自己コントロール力を身につけてほしいです。

エネルギッシュで、どんどんアイデアも出せて、行動力があり、指導者としても能力の高い人が多いです。

ただし、指導者や親は、そのエネルギーをそのまま子どもにぶつけてしまう傾向があり、すぐにカッとなりがちです。そうすると、ついて来れない子どももいます。言い換えると、パッと頭の中で閃いたことをすぐに言ってしまうクセがあるのです。

そこを改善するために、話す前に、一瞬、考える癖をつけましょう。特に指導するときや、叱らなければいけないときには、数秒でも間をとってください。本当に怒るようなことか、間違ったことを言っていないか、判断する瞬間をとってください。

ある高校野球の監督がラッシャータイプでした。勝負のかかった大事な試合で、選手が監督のサインを見落として、ミスをしてしまい、せっかくの反撃ムードをこわしたときがありました。

監督は怒鳴ろうとしましたが、一瞬間をとってどうにかこらえました。そのとき、ベンチにいた選手らが、「いいよ」、「ドンマイ」と声をかけていて、逆にいい雰囲気ができていました。

その後、大逆転が起きました。

もしも、あのとき、怒鳴っていたら、チームの雰囲気、選手のやる気は下がり、そのまま試合は終わったかもしれなかったでしょう。

勢いで叱ってしまう方は、もしも怒りが湧いてきたら、例えば、手を叩いてエネルギーを発散させる。グッと拳を握り込んでから、パッと放す。こうやって怒りを文字通り手放してみる動作をするのも効果的です。

また、ストレスをためやすいタイプなので、ストレスを発散する方法を見つけておいてください。エネルギーがあるので、それをこらえすぎると、疲れてきます。

運動する、趣味に打ち込んでみるなど自分なりの息抜きをしてみましょう。

パートナータイプの自己教育

「怒ってないんだよ」と言いながら怒っていることはありませんか。

言葉が軽く早口で、不機嫌になったとき、自分が怒っていることすら気づかない場合があるのがパートナーの特徴です。話していることが子どもたちに伝わってないと感じ、「なんでわからないんだよ」と言うこともあるかもしれません。

自分の発言に説得力を持たせるためには、子どもたちの心を動かす必要があります。

そのために心がけてほしいことは2つあります。

1つ目は、自分の言いたいことを話すのではなく、相手のことを思って話す意識。

2つ目は、落ち着いてゆっくりと話す意識を持つことです。例えばイチローもパートナータイプですが、普段早口でも、会見のときはゆっくりと諭すように話すことで説得力がでていますね。

パートナーとは対称的に、ハーモニータイプは情緒面に長けているので、ハーモニータイプの長所を取り入れてみるのもいいでしょう。相手の気持ちを感じ取り寄り添うように話してみます。

また物事を、最後までやり遂げられないことが多いので、1つのことに集中できる能力を身につけましょう。

自分が目移りしてることに意識がなく、気づいたら趣味をやめていることなどありませんか。

1つ1つ丁寧に意識を向けて取り組んでみましょう。そうしているうちに、1つのことに集中できる力も身についてくるでしょう。

1点集中トレーニングとも呼び、アスリートにも指導している集中法です。ぜひ活用してみてください。

また神経質なところもあるので、相手の細かいところを指摘しがちです。少し寛大な心も必要ですね。

ハーモニータイプの自己教育

ハーモニーはとにかくのんびりして、自分が関心のあること以外には無関心になってしまっている方が多いです。

極端に言うと、子どもや選手に関心がないので、意識的に関心を持つことが大事です。

一人ひとりとコミュニケーションをとってじっくり接してください。

あの子は何を思っているだろうか？　好きなことはなんだろうか？

と意識して関心を寄せるようにしましょう。

飯山自身も、ハーモニータイプです。サポートしているチームの練習をボーッとみていると、頑張ってるねえと他人事のように思ってしまうときもあります。

最後にみんなを集めて「がんばっていこうね」と声をかければ仕事は終わりますが、それでは意味がありませんね。ですので、例えば、わざと選手を呼んで、「調子はどうだ？」と必ず話を聞くようにしています。気になる選手がいたら声をかけて、個性に合わせてサポートしています。あえて自分から動くよう意識していくのです。感受性が高く、人の気持ちを汲み取れるタイプでもあるので、一人ひとりに向き合う時間をつくってあげましょう。

また、感受性が豊かな一方で、論理的に話すのが苦手です。

論理的に話せないと、子どもたちに響かないときもあります。クレバータイプの子どもなどは特に「この人何言ってんの？」と思いがちですので、論理的に話すトレーニングが必要でしょう。

有効な手段を2つお伝えします。

1つは、なぜそうなったか？　ということを考える習慣を持つことです。なぜ、失敗したのか。なぜ、その目標なのか。など、見過ごしがちなことに対して「なぜ？」と考えることで、頭の中で整理してから話せるようになっていきます。

また、話すときのテクニックとしては、結論から話をするという方法が有効です。

子どもとコミュニケーションをとるときにも、ついあれもこれも言いたくなってしまいますが、結局は一番伝えたいことを、一番はじめに伝えるようにしましょう。

クレバータイプの自己教育

クレバータイプの方は、自分の世界に入ってしまいがちです。

基本的にはネガティブ思考で、被害者意識があり、子どもに対しても「自分だって大変なんだよ」という話になってしまうこともあるでしょう。

自分の中に意識が向いてしまうので、視点を変える必要があります。

子どもたちはどう思っているのか、の方に意識を向けたいですね。

クレバータイプの方は、特に、物事のネガティブな面を見ることがあるので、相手に対しても欠点ばかり目について、そこを指摘してしまいます。

ですので、「相手のいいところ」「プラスの面」を意識して探してみるようにしましょう。

そしてきちんと子どもに伝えてあげるようにしてください。

相手の良い面を伝えることで、物事のプラス面に意識を向けるクセがつくという相乗効果もあります。

また常に安定を求めているためチャレンジ精神がうすいので、いろんな情報をキャッチする能力が足りません。

自分のわかる範囲でしか物事を伝えられませんので、あえて意識的に人の輪に入るなどこれまであまりやったことのないことにチャレンジしてみましょう。

内にこもるのではなく、積極的に外に出かけていく意識が大事です。

いろんな人との関わりを作ることによって、自分だけの凝り固まった世界から他の世界をみることができます。

「新しいことにチャレンジしてみる」

「やったことない困難にチャレンジしてみる」

そういった心掛けが大事です。

元々、コツコツと行うタイプなので、積極性を養えば成功しやすいでしょう。

おわりに

世の中は、漫画「鬼滅の刃」が空前の大ヒットとなりましたが、登場人物である鬼殺隊が使う「呼吸」が、見事に4タイプに沿った設定になっていることに気がつきました。

主人公の竈門炭治郎《かまどたんじろう》は「水の呼吸」を使います。4タイプでは《水のハーモニー》にあたります。炭治郎は、長男としての責任感を強く持っており、非常に心優しい青年として描かれています。人食い鬼に対し刀を振るのですが、死に際の悔恨《かいこん》と悲哀《ひあい》には慈悲《じひ》をもって接し、鬼を「醜《みにく》い化け物なんかじゃない、鬼は虚《むな》しい生き物だ、悲しい生き物だ」と説いています。

ただ、そんな思いやりが強すぎる故にやや決断力に欠ける面も。石頭で頑固で融通がきかず、納得のいかないことがあると相手が誰であろうと反発し、決して引き下がらないという一面もあります。

鬼殺隊最上位の隊士に与えれれる称号〝柱《はしら》〟。その中で「水の呼吸」を極めた水柱の冨岡《とみおか》義勇《ぎゆう》は、無表情でクールに見えますが、炭治郎がピンチの時に助けに来てくれるなど、根は優しい青年で、天然な一面も持ち合わせています。どちらもまさに《水のハーモニー》の個性をよく表しています。

大ヒット映画、劇場版アニメ「無限列車編」に登場した煉獄《れんごく》杏寿郎《きょうじゅろう》は炎柱です。非常に正義感が強く、見開いた目、明快な口調の好青年です。リーダーシップがあり、戦闘中に的確な指示を出し、他の隊員達から慕われている存在。まさに《火のラッシャー》の個性を表しています。

風の呼吸を極めた、風柱の不死川《しなずがわ》実弥《さねみ》は、クールで短気な性格。狂暴な性格として描かれていますが、一方で礼儀や規律を重んじる一面もあり、自分が認めた当主の前では礼節《れいせつ》を弁《わきま》え、理知的で恭《うやうや》しい言葉遣いで接しています。まさに世渡り上手な《風のパートナー》の個性です。また、自身にとって大切な人間の死に対して呆然自失に陥ったり号泣したりと繊細で脆い部分も持ち合わせています。

鬼殺隊の柱の中でもその中心を担う悲鳴嶼行冥《ひめじまぎょうめい》は「岩の呼吸」を極めた岩柱です。岩のようにどっしりと支える鬼殺隊の大黒柱として描かれている彼は、まさに《地のクレバー》です。

常に数珠《じゅず》を持って合掌し、周りの事柄に涙して念仏を唱えている姿は慈悲深く見えますが、「なんとみすぼらしい子供 生まれてきたこと自体が可哀想だから殺してやろう」「鬼に取り憑かれているのだ 早く殺して解き放ってあげよう」と口にするなど、その慈悲の心はかなり一方的かつ悲観的発想の持ち主でもあります。

このように見てみると、人間観察が楽しくなってきますね。

人間の本能的な資質。

それは、何かが起きたときのとっさの言動に現れます。その反応の仕方や行動様式のパターンから統計的に分類されたいくつかの本能があることがわかりました。

本書では「個性」と表現していますが、この個性がわかればその人のことを理解しやすくなります。

私、飯山はハーモニーです。のんびりしているのが好きです。関心のないことは気に留めないのですぐ忘れてしまいます。ただ、コーチという仕事柄、人の感情面にアクセスできることは大きな力となっています。だからコーチや講師として仕事の依頼が後を断たない状況になっているのだと思います。これも自分の個性を知り、その個性を生かすことができたからだと思います。

実は、仕事の立場上ラッシャーになり目標に向かって突き進んだり、パートナーになって様々な人とコミュニケーションをとることも多いです。また中小企業診断士としては企業の財務データを分析するなど、現状を確認し客観的な視点からアドバイスすることが求められますからクレバーになることもあります。

本書の中にも書きましたが、自己教育することで他の個性のことを理解でき、その個性にあった伸ばし方ができるようになっていきます。

ちなみに、我が家は4人家族ですが、それぞれハーモニーの私と娘、クレバーの妻と息子となります。やっぱり家族の中でも、私と娘、妻と息子は似た者同士となっていて、何かあると意見が二分されます（笑）

本書を活用されて、今後もより多くの方が人間関係が豊かになり、望む結果を得られることを心よりご祈念いたします。

最後に、心の支えとなっている家族の存在があるからこそ、ここまで頑張ってこれました。いつも応援してくれてありがとう。

51歳の誕生日を迎えた自宅オフィスにて

飯山晄朗

今日からできる
タイプ別の
言葉がけまとめ

ラッシャータイプへの言葉がけ

1　目標達成のためのアプローチ

「○○をやってみたらどうかな?」

2　失敗したときの対処法

「あなたには力があるから､それを生かして行こう」
「君ならできるよ」

3　調子がいいときにはどうする?

「腰を据えて周りを見てみようか」
「他の人が困っていたら、教えてあげてほしい」

4　勝負所ではこう接する

「君は○○が一番だから必ずできる」
「○○ができるんだから、自信を持ってやれ」

5　いい叱り方

「やっていることは知っているよ、
でもこうした方がいいよ」

6 いい褒め方

「〇〇の良さが一番だね。」

「〇〇が一番だね。」

7 やる気を引き出す方法

「まず、 ここをやってみようか」

「君ならここが一番になれるはず」

8 物事に積極的に関わってもらうには

「君だったらどうする?」

「他にどんなアイデアがあると思う?」

9 信頼関係を作るには

ラッシャータイプの場合、
言葉よりも行動で示すことが最も大事

10 苦手はこうやって克服する

「今一番大事なことは何かな?」

「最初はこれをやってみよう。

それができたら次はこれね」

11 自信を持ってもらためには

「しっかり取り組んでいるね」

「君のがんばりは周りの人の見本になっているよ」

パートナータイプへの言葉がけ

1　目標達成のためのアプローチ

「目標を達成して、 喜んでくれる人は誰?」

2　失敗したときの対処法

「なぜ失敗したのかな?」

「何が原因なのかな?」

3　調子がいいときにはどうする?

「じゃあ目標をもう一度確認してみようか」
「やりたいことを確認してみようか」

4　勝負所ではこう接する

「喜んでくれる人の顔を思い浮かべてみよう」

5　いい叱り方

「○○の理由があるから、 やめておこう」
「これはよくないね、 ○○してみてはどう」

6 いい褒め方

「○○ができているね!」

「○○が得意だね!」

7 やる気を引き出す方法

「その行動は、なんのためにやっている?」

「喜ばせたい人は誰?」

8 物事に積極的に関わってもらうには

「どうやったら、これが楽しめるだろうか?」

「何をやったら、楽しさを感じる?」

9 信頼関係を作るには

「いま、どんな状況になっている?」

「チームの状況は、どうなっている?」

10 苦手はこうやって克服する

「今、○○はどんな様子?」

「○○についての面白いところを教えて」

11 自信を持ってもらためには

「将来の成功している姿を思い描いてみよう」

「自信を取り戻した自分はどうなっていると思う?」

ハーモニータイプへの言葉がけ

1　目標達成のためのアプローチ

「目標を達成したら、どんないいことがある?」

「目標達成することで、どうなる?」

2　失敗したときの対処法

「次はどうする?」

「次はどうやっていこうか」

3　調子がいいときにはどうする?

「絶好調だね!」

4　勝負所ではこう接する

「落ち着いて、いつも通りやろう」

「普段通り、がんばっていこう」

5　いい叱り方

「(課題などに対し)もう少し余裕を持って
　やってみようか」
「早めに準備してみようか」

6　いい褒め方

「〇〇できるようになって自分も嬉しいよ」

7　やる気を引き出す方法

「今までと違うことをするとしたら、
どんなことをやってみようか?」

8　物事に積極的に関わってもらうには

「それは面白いね」
「いい意見だね」

9　信頼関係を作るには

あれこれ言い過ぎず、そっと見守ることが重要。約束を破るのはやめましょう。

10 苦手はこうやって克服する

「これをやることで、
どんないいことがあるかな?」

11 自信を持ってもらためには

「過去うまくいったときは、どうだった?」
「あのときはこうやってうまくいったよね、
何が違うと思う?」

クレバータイプへの言葉がけ

1　目標達成のためのアプローチ

「一歩ずつしっかり進んで行こうね」

2　失敗したときの対処法

「つらかったねえ」

「私も〇〇で失敗して落ち込んだけど、
こうやって立ち直ったよ」

3　調子がいいときにはどうする?

「失敗をしてしまうかもしれないから
用心しようか」

「次のことを考えてやってみようか」

4　勝負所ではこう接する

「私は（あの人は）大一番のときに
こうやって切り抜けたよ」

5　いい叱り方

「ふてくされた人を見て、 どう思う?」

「悪いことしてる人を見て、 どう思う?」

6　いい褒め方

「細部まできちんと見ているね」
「きちんと行動しているね」

7　やる気を引き出す方法

「やる気が上がらないときもあるよね」
「一緒にやってみよう」

8　物事に積極的に関わってもらうには

「これ約束ね!」

9　信頼関係を作るには

細かいところまで目を配り、
いつも気にかけるようにしてください。

10 苦手はこうやって克服する

「苦手なことをやることによって
○○がもらえるよ」
「これをあげるから、少し頑張ってみようか」

11　自信を持ってもらためには

「物事のプラス面に目を向けてみよう」

本作品は小社より二〇二〇年一二月に刊行されました。

飯山晄朗（いいやま・じろう）

人財教育家、メンタルコーチ。

一般社団法人グローアップフォーラム代表理事。銀座コーチングスクール金沢校・福井校 代表。JADA（日本能力開発分析）協会認定SBTマスターコーチ。中小企業診断士。

メンタルコーチを務める高木菜那選手が平昌五輪女子スピードスケートで日本女子史上初めて同一大会で2つの金メダルを獲得、競泳の小堀勇氣選手がリオデジャネイロ五輪800mフリーリレーで1964年東京五輪以来52年ぶりとなる銅メダル獲得、名門野球部を復活させ、24年ぶりの甲子園決勝へ導くなど、その実績は数えきれない。

主な著書に『いまどきの子のやる気に火をつけるメンタルトレーニング』（秀和システム）、『超メンタルアップ10秒習慣』『勝者のゴールデンメンタル』（ともに大和書房）、『こどものやり抜く力と自己肯定感を一気に高める 超メンタルコーチングBOOK』（KADOKAWA）などがある。

だいわ文庫

こどものメンタルは4タイプ

「やる気《き》を引《ひ》き出《だ》す」「自信《じしん》がみなぎる」言葉《ことば》がけの教科書《きょうかしょ》

著者　飯山《いいやま》晄《じ》朗《ろう》

二〇二四年一〇月一五日第一刷発行

発行者　佐藤 靖
発行所　大和《だいわ》書房
東京都文京区関口一-三三-四 〒一一二-〇〇一四
電話 〇三-三二〇三-四五一一

フォーマットデザイン　鈴木成一デザイン室
本文デザイン　chichols
本文イラスト　荒井雅美（トモエキコウ）
本文印刷　信毎書籍印刷
カバー印刷　山一印刷
製本　ナショナル製本

ISBN978-4-479-32107-1
乱丁本・落丁本はお取り替えいたします。
https://www.daiwashobo.co.jp